Selmar Eckleben, Selmar Eckleben

Die älteste Schilderung vom Fegefeuer des heil. Patricius

Eine litterarische Untersuchung

Selmar Eckleben, Selmar Eckleben

Die älteste Schilderung vom Fegefeuer des heil. Patricius
Eine litterarische Untersuchung

ISBN/EAN: 9783743488304

Hergestellt in Europa, USA, Kanada, Australien, Japan

Cover: Foto ©Lupo / pixelio.de

Manufactured and distributed by brebook publishing software
(www.brebook.com)

Selmar Eckleben, Selmar Eckleben

Die älteste Schilderung vom Fegefeuer des heil. Patricius

Die älteste Schilderung

vom

Fegefeuer des heil. Patricius.

Eine litterarische Untersuchung

von

Dr. Selmar Eckleben.

HALLE A S.

Max Niemeyer.

1885.

Vorwort.

$\mathbf{A}$ls Prof. Kölbing im ersten Bande seiner Engl.
Studien (1877) S. 57 – 121 „zwei mittelenglische Bearbeitungen der Sage von St. Patrik's Purgatorium" ver-
öffentlichte und dabei einige Bruchstücke der afrz. Fassung
dieses Gegenstandes aus Cod. Harl. 273 fol. 191 ff. mitteilte,
sprach Prof. Suchier in der Jenaer Lit.-Ztg. 1877 Heft 8
bei einer Besprechung jenes Aufsatzes den Wunsch aus,
in kritischer Ausgabe oder durch diplomatischen Abdruck
dieses afrz. Gedicht bald zugänglich gemacht zu sehen;
infolge dessen übermittelte Kölbing seine Abschrift an
Suchier. Von letztgenanntem Herrn· erhielt. ich dieselbe
nebst der Aufforderung, mit dem Stoffe mich vertraut
zu machen und Kölbings Ergebnisse nachzuprüfen. Diese
ursprünglich von mir vollzogene Nachprüfung und Ver-
besserung jenes Aufsatzes erwies sich später bei näherer
Betrachtung allein der gedruckten Hülfsmittel als über-
flüssig, da Colgan und Messingham, die der Verfasser
als Quellen betrachtet hatte, ihre Behandlungen der Sage
als Zusammenstellungen aus mehreren unbenannten Hand-.
schriften und aus Matthäus Paris selbst bezeichnen, als
Quellen somit nicht gelten können, Matth. Paris aber in
seiner Geschichte, wie aus der Vorrede zu der von
Kölbing benutzten Luardschen Ausgabe hervorgeht, auch
weiter nichts als die Überarbeitung einer handschriftlichen
Quelle bietet. * Es stellte sich ferner heraus, dass Kölbing
mit einer weder für die einschlägige Litteratur noch für
das handschriftliche Material ausreichenden Kenntnis ans

Werk gegangen war: nicht einmal die zwar reichhaltige, aber keineswegs erschöpfende und durchaus unkritische Zusammenstellung der Handschriften im Descriptive Catalogue von Duffus Hardy scheint ihm bekannt gewesen zu sein, da er sich nur auf einige ihm zufällig bekannt gewordene Fassungen der behandelten Sage beschränkte. Die Fülle der in Handschriften erhaltenen Behandlungen des Stoffes lassen Kölbings unbestimmtes Ergebnis in Bezug auf Abhängigkeit der einzelnen Fassungen von einander bei der von ihm getroffenen engen Auswahl nur zu gerechtfertigt erscheinen, es hätte sogar ein überraschender Zufall genannt werden müssen, wäre unter solchen Umständen das richtige Abhängigkeitsverhältnis ermittelt worden. Diese grosse Menge der Handschriften und die Schwierigkeit, in den Besitz brauchbarer Abschriften zu gelangen, lässt auch mich zur Stunde noch kein abschliessendes Urteil über alle Bearbeitungen des Fegefeuers des heil. Patricius fällen, dies wird mir erst möglich sein, wenn ich das ganze handschriftliche Material erlangt habe, doch hoffe ich recht bald in der Lage zu sein, den ganzen so reichen Stoff ausführlich behandelt der Öffentlichkeit zu übergeben.

Für die vorliegende Arbeit habe ich mich auf den Wert unserer Sage, deren Stellung in der Legendenlitteratur und den Ursprung der lateinischen Fassung beschränkt.

Riga am 14/2. Dezember 1884.

Selmar Eckleben.

er heil. Patricius predigte einst den Iren von Himmel und Hölle, da erklärten diese, ihm nicht zu glauben, falls er ihnen nicht sichtbar die Freuden und Leiden des Himmels und der Hölle zeigen würde. Gott, den er infolgedessen um ein Zeichen angerufen hatte, führte den Heiligen in eine Einöde auf der Insel Reglis und liefs ihn mit seinem Stabe einen Kreis auf dem Erdboden ziehen: alsbald that sich an dieser Stelle die Erde zu einer Vertiefung auf, und zugleich wurde ihm eröffnet, dass derjenige, der reuigen Herzens über seine Sünden vierundzwanzig Stunden in dieser Grube weile, während dieser Zeit Himmelslust und Höllenpein sehen könne. Patricius liess die Höhle mit einer eisernen Thüre verschliessen und ringsherum eine Mauer ziehen; noch zu seinen Lebzeiten betraten sehr viele die Höhle, von denen die einen darin elend uns Leben kamen, während die andern aus ihr heil hervorgingen und von den schrecklichen Klagen der Verdammten und den hohen Freuden der Seligen berichteten. Da sich die letztern für ihr späteres Leben besserten, nannte man den Ort das Purgatorium des heil. Patricius; auch glaubte man, es sei dies das wirkliche Fegefeuer, in welchem man durch ein Heer von Teufeln die Strafen der Verdammten zur Läuterung erleide und dadurch vor gleicher Prüfung nach dem Tode geschützt sei. Die Berichte der heil Entkommenen liess Patricius aufzeichnen und in der nahe bei der Höhle befindlichen Kirche, welche er einigen Canonici regulares übergeben hatte, aufbewahren. Wegen der vielen Unfälle aber, welche Besucher der Höhle erlitten hatten — sie waren nicht in aufrichtiger Reue gekommen und deswegen von den bösen Geistern mit dem Tode bestraft worden, – wurde bestimmt, das Purgatorium solle nur ausnahmsweise geöffnet werden, und zwar nur auf ausdrückliche Bewilligung des Bischofs, zu dessen Sprengel die Insel gehörte, dieser war seinerseits gehalten, jedwedem von dem Besuche nach Kräften abzuraten.

Zur Zeit König Stephans von England suchte nach und erhielt diese bischöfliche Erlaubnis ein Rittersmann, mit Namen Oengus; zahlreiche Verirrungen und Missethaten, die ihm von Herzen leid waren, hoffte er durch den Aufenthalt in der Höhle zu büssen. Nach mehrtägigem Fasten und Beten wurde er unter Gebeten und Ermahnungen in die Gruft, deren Thüre hinter ihm geschlossen ward, auf vierundzwanzig Stunden gelassen. Oengus geht in der Höhle vorwärts, bald gelangt er in eine Halle, wo sich einige Mönche zu ihm gesellen; sie erzählen ihm, was seiner wartet, beloben ihn für seine Unerschrockenheit, ermahnen ihn zur Ausdauer im Kampfe mit den Dämonen und geben ihm als Mittel zur Bannung des Spuks die Anrufung des Namens Christi an. Kaum haben in der Folge die Mönche ihn verlassen, so stürzen die Unholde herein, um ihn zu necken und zu quälen und schliesslich zu den verschiedenen Straffeldern zu leiten, wo er nicht allein die Seelen dulden sieht, sondern selbst körperlich jede Strafe so lange empfindet, bis er den Namen Christi anruft: dadurch wird jedesmal die Macht des Bösen über ihn gebrochen. Über eine sehr gefährliche Brücke gelangt der Ritter endlich auch zum Paradies; er sieht dort die Seligen, kostet die Himmelsspeise und empfängt Lob für sein mutiges Unternehmen sowie als schönsten Lohn die sichere Zusage, nach seinem Tode in das Paradies aufgenommen zu werden. Inzwischen sind vierundzwanzig Stunden seit seinem Eintritte in die Höhle verflossen; er kehrt zur Eingangsthür, an der die Canonici ihn bereits erwarten, zurück: ihnen erzählt er seine Erlebnisse in der Unterwelt. Dem Wunsche des Priors, das Mönchsgewand zu nehmen, entsprach Oengus nicht, doch zog er zu weiterer Busse nach Jerusalem; von dort zurückgekehrt, lebte er in seiner Heimat, für den Rest seines Lebens gebessert, als guter Christ.

Dies ist kurz der Inhalt der zuerst im 12. Jahrh. durch den Mönch Heinrich von Saltrey lateinisch aufgezeichneten Legende, die unter dem Namen „die Reise in der Schlucht des heil. Patricius" oder, wie sie auch kürzer genannt wurde, „das Purgatorium des heil. Patricius" und noch kürzer „Ritter Owein" im Mittelalter allgemein bekannt war und in fast alle europäische Sprachen übersetzt und vielfach nachgeahmt wurde. Sie ist erhalten in einer grossen Anzahl lateinischer, ferner in englischen, französischen, provenzalischen und schwedischen Prosafassungen und in franz., engl., span., deutsch. und niederl. poetischen Bearbeitungen; der Held führt nicht immer denselben Namen: Nicolaus genannt, begegnet er uns nach dem Vorgange der goldenen Legende in den Passionalen und den mittelalterlichen Sammlungen der Heiligenleben; ein engl. und der prov. Bearbeiter haben sich mit dem Helden identifiziert und geben das Gesicht als von ihnen selbst erlebt; eine dramatische Darstellung hat der Stoff durch Calderon erfahren, bei ihm heisst der Held Ludovico Enio.

So nimmt unter den Legenden des Mittelalters, die zu ihrem Gegenstande einen Besuch in der Hölle, im Fegefeuer oder Himmel haben, die unsrige ihrer Verbreitung nach eine Hauptstelle, wenn nicht den ersten Platz ein. Verschiedene Umstände wirkten zusammen, um sie zu dieser bevorzugten Stelle zu erheben.

Zunächst liegt in der menschlichen Natur tief begründet das Streben, ihr verschlossene Geheimnisse zu ergründen, mag man dieses Streben Neugier oder Wissensdrang heissen: dem grossen Geheimnisse des Todes, dem Fortleben der Seele nach dem Tode, nachzugrübeln, ist die Beschäftigung, den darüber gebreiteten Schleier gelüftet zu sehen, der Wunsch so manches denkenden Wesens gewesen, ist es noch, und wird es bleiben, so lange mit dem zuversichtlichen Glauben, unser Leben ist mit dem Tode noch nicht gänzlich abgeschlossen, der nagende Zweifel, wie man ohne Körper leben könne, im Kampfe liegt und ein überzeugender Beweis für die Richtigkeit dieses Glaubens nicht gefunden ist. Ehe noch das Christentum den Glauben an eine unsterbliche Seele eingeführt hatte, fand sich die Überzeugung von dem Fortleben nach dem Tode bereits im Volksbewusstsein vor; als Ausfluss dieses Bewusstseins können wir die Besuche und die Schilderungen der Unterwelt bei heidnischen Völkern auffassen. Orpheus, Herakles, und Odysseus steigen in der griechischen Mythologie, in der römischen Aeneas zum Schattenreiche hernieder, bei den Finnen besucht Wainomoinen Pohjola, bei den Esthen Kalewa das Totenreich; die Höhle des Trophonios, das Land Xibalba im Popul-Vuh der Quichos, Nifl- oder Nebelheim in der skandinavischen und germanischen Mythologie bieten ähnliche Züge

in der Schilderung des Aufenthalts der Schatten wie unser
Purgatorium dar, ja in der keltischen Mythologie finden wir
drei Wohnungen der Schatten, die Himmel, Hölle und Fegefeuer entsprechen und durch eine Brücke in Verbindung stehen.
Dieses Volksbewusstsein lebte fort, auch als an Stelle des
Schattenreichs mit seinen glücklichen und leidenden Bewohnern
der Glaube an Himmel und Hölle durch die christliche Lehre
gesetzt und als Mittelglied von der katholischen Kirche die
Lehre vom Fegefeuer ausgebildet wurde.

Besuche in der christlichen Unterwelt finden wir nament-
lich] vom 12. Jahrhundert an dichterisch dargestellt; wie die
Verbreitung der Visionen von St. Paulus, Furseus, Drihthelm,
Tundalus, Thurcill u. a m. beweist, scheinen dieses und die
nächstfolgenden Jahrhunderte eine besondere Vorliebe für derartige Stoffe gehabt zu haben.[1]) Diese Geschmacksrichtung
kann man einmal aus der damals herrschenden theologischen
Richtung erklären, auch entspricht die in den Legenden zum
Ausdruck gebrachte Auffassung des Fegefeuers den Dogmen
der römischen Kirche, daneben trugen wohl auch die Geistlichen
dazu bei durch ihr Streben, auf die durch die Kreuzzüge und
deren Folgen verwilderten Massen durch ein Bild der Strafen
und Belohnungen, die nach dem Tode des Menschen warten,
einzuwirken und jene von ihrem sündigen Wandel dadurch
abzuschrecken, endlich konnte ein Dichter, da so viele Helden
bei den Kreuzzügen die sonst nur dem Namen nach bekannten
Reiche mit ihren fabelhaften Erscheinungen leibhaftig gesehen
hatten und den Daheimgebliebenen schilderten, für derartige
Beschreibungen bei seinen Zuhörern keine grosse, eine viel
grössere Aufmerksamkeit jedoch für einen Bericht über die
Reise zu und in dem grossen unbekannten Reiche der Schatten
voraussetzen.

Die soeben angeführten Gründe, Neugier des menschlichen
Herzens, Fortleben ähnlicher Sagen im Volksbewusstsein und
die Vorliebe jener Zeit für solche Stoffe, genügen noch nicht,

---

[1]) Als sehr auffallend muss bezeichnet werden, dass diese Legenden
zumeist in England entstanden, von englischen oder irischen Mönchen also
geschrieben wurden; damit wird auch begreiflich, weshalb sie sich zumeist
an einen Irländer anlehnen. Irland war ausserdem die „Insel der Heiligen."

um eine so grosse Verbreitung und Beliebtheit gerade unserer Legende zu rechtfertigen, um so weniger, als alle die erwähnten Visionen gemeinsame Züge besitzen und durch mehr oder weniger poetische Darstellung aus der Masse der Legenden sich vorteilhaft herausheben. Wollen wir es nicht blossen Zufall nennen, so müssen wir die Beliebtheit unserer Vision aus andern Gründen erklären. Mich dünkt, dass allerdings der Besuch des Ritters Owein im Purgatorium — ganz abgesehen von seinem poetischen Werte — auffallende Unterschiede aufweist, die diese Vision über ihre Genossen zu stellen recht wohl imstande waren; über kleinere Abweichungen hinwegsehend, finde ich namentlich zwei, durch die unsere Legende in Gegensatz zu den andern gleichartigen tritt.

Während nämlich bei den übrigen das Gesicht nur im Geiste erblickt wird, die Seele sich zum Himmel aufschwingt oder zur Hölle hinabsteigt, steht hierin der Körper selbst vor den unglücklichen Seelen, leidet der Held körperlich die Marter und Pein, kostet er selbst die Himmelsspeise; der Dichter hat etwas selbsterlebtes geschildert, zum mindesten trägt seine Schilderung den Charakter des Selbsterlebten an sich; es ist die fesselnde Wärme des Vortrags, die über die Unglaublichkeit einer ganzen Reihe solcher Abenteuer hinweghilft, den Hörer packt und darum selbst das Unglaublichste mit dem Scheine grösserer Wahrscheinlichkeit erfüllt als Verzückungen der Seele, die im Traume den Himmel offen sieht oder in der Hölle und im Fegefeuer als stiller Beobachter der Qualen weilt.

Der Schein der Wahrheit für das vom Dichter Gebotene wird ausserdem erhöht durch den, wenn ich so sagen darf, geschichtlichen und örtlichen Hintergrund, durch die Verknüpfung mit dem berühmten Heiligen Irlands, dem grossen Patricius, dessen Schüler seinen Namen in alle Welt trugen, und mit der seinen Namen tragenden Höhle, dem auf der Insel Reglis in Lough Derg belegenen Purgatorium, zu dem jedem reuigen Sünder, der den Kampf mit den Dämonen wagen will, der Eintritt freisteht.

Es scheint geboten, bei diesen beiden Punkten, der Lebensgeschichte des Heiligen und bei jener Örtlichkeit ein wenig zu verweilen. Es liegt mir fern, eine ausführliche Lebensge-

schichte nach den vorhandenen Quellen zu schreiben, nur
einige Züge, von denen die einen bezeichnend für seine Bedeutung sind, die andern wenn auch in etwas geänderter Form
in unserer Legende erscheinen, sollen aus den sagenhaften
Lebensbeschreibungen, die wir über Patricius besitzen, hervorgehoben werden; wir besitzen recht viele Nachrichten über
sein Leben, während wir durchaus sicher sehr wenig darüber
wissen: weder sein Geburts-, noch sein Todesjahr steht fest,
und während sogar hinterlassene Werke von ihm vorhanden
sind [1]), hat es auch Gelehrte gegeben, die an die geschichtliche Persönlichkeit eines Patricius des Grossen, wie die dank-
baren Irländer ihren Apostel und Schutzheiligen nannten, gar
nicht glauben.[2])

Patricius wurde im Jahre 371 oder 372 im Dorfe Bonaven
Tabernae, wahrscheinlich im heutigen Flecken Kirk- oder Kil-
Patrick, an der Clyde zwischen Dumbarton und Glasgow belegen, von vornehmen christlichen Eltern, die aus der Bretagne
stammten und mit dem h. Martin von Tours nahe verwandt
waren, geboren.[3]) Als er sechzehn Jahre alt war, entführten
ihn Seeräuber nach Irland, woselbst er ihr Hirte ward. Nach
einigen Jahren entfloh er von dort, gelangte in seine Heimat
zurück, und später fasste er, von Visionen getrieben, den Ent-
schluss, Apostel der Kirche zu werden. 432 wurde er von
Papst Cölestin[4]), nachdem er die Priester- und Bischofsweihe
erhalten hatte, nach Irland gesandt. Mit ausserordentlicher
Beharrlichkeit unter den grössten Gefahren und Hindernissen

---

[1]) Opuscula S. Patricio adscripta edid. Wilkins. Lond. 1656, — edid.
Waraeus. Lond. 1665, — edid. Gallandius in Bibl. vet. Patr. Tom. X.
Ven. 1774. — S. Patricii lbernorum Apostoli Opuscula et Fragmenta,
scholiis illustrata. ed. Villanueva. Dubl. 1835.

[2]) So z. B. Edw. Ledwich Antiquities of Ireland. Dubl. 1793, p. 269—
276. Vgl auch John Lanigan An Ecclesiastical History of Ireland. 4 Bde.
Dubl. 1822. Das 2. Kap. ist der Widerlegung bedeutender Gelehrter ge-
widmet, die an Patricius' Existenz nicht glauben.

[3]) Nach andern war er in Cornwall oder in der Bretagne zu Boulogne
geboren; die Iren nehmen ihn natürlich als einen Landsmann in Anspruch
und lassen ihn in Carnarvonshire geboren sein. Vor der Bischofsweihe
hiess er Succathus

[4]) Dass er nicht in Rom war, bewies Petrie in Trans. Roy. Irish.
Acad. XVIII 103.

begann er die Verkündigung des Evangeliums in dem ganz
wilden Lande unter der heidnischen Bevölkerung; der Erfolg,
der seinem Vorgänger Palladius versagt war, wurde für ihn
um so grossartiger. Mit Hilfe eines Häuptlingssohnes Benen
oder Benignus, der später sein Werk fortsetzte, gründete er
eine Menge Gemeinden, Kirchen und Klöster, richtete 455 den
erzbischöflichen Sitz in Armagh ein und verbreitete Wissen-
schaft und Kunst in Irland und von Irland aus durch ganz
Europa, da aus allen Ländern Schüler zur Vorbereitung für
das Apostelamt zu ihm strömten. Patricius starb in hohem
Alter, sein Todesjahr wird zwischen 455 und 494 angesetzt.
Er wurde beerdigt in Downpatrick in Ulster. Zu seinen Ehren
wird noch heute der Patriciustag am 17. März gefeiert, namentlich von den Iren, denen er als Landesapostel besonders heilig
ist, und in deren Liedern und Sagen seine Thaten fortleben.
Man könnte fast sagen, dass alles, was irgendwelche Beziehung
zu ihm hat, den Iren bedeutungsvoll, und umgekehrt alles, was
den Iren bedeutungsvoll und heilig ist, von ihnen in Beziehung
zu ihm gesetzt worden ist; dass sie ihn als Landsmann betrachten, ist oben gesagt worden, sein Name kommt fast in
jeder Familie vor und ist in der Form Paddy die allgemeine
Bezeichnung für den Irländer geworden. Bekannt ist ferner
Patricius' Beziehung zum Shamrock, an dem er den Iren die
Dreieinigkeit in der Einheit klarlegte; aber selbst den Whisky
haben sie in Zusammenhang mit ihm gebracht, da sie ihm
eine besondere Vorliebe für dies Getränk sowie ein besonderes
Geschick in der Zubereitung des Trankes zuschreiben, ihn
nichts mehr als trockenes Predigen hassen und deshalb auch
stets eine volle Flasche bei der Predigt neben sich haben lassen;
in einem Liede wird sogar gesagt, dass seine Mutter einen
Schnapsladen hatte; nichtsdestoweniger sind alle Berichte in
dem Lobe seiner edeln Abkunft und seines vornehmen Wesens
einig. Nicht minder häufig wie mit seiner Abstammung be-
schäftigen sich Lebensbeschreibungen, Sagen und Volkslieder
über ihn mit seiner Hauptthat, der Vertreibung der giftigen
Schlangen und des Ungeziefers aus Irland; während er nach
den einen dies Ungeziefer selbst verzehrt, predigt er sie nach
andern von Irlands höchstem Berge in das Meer oder in die
Flüsse, Seen und das Meer hinein, wobei er der Wirkung

seiner Predigt noch mit List nachhalf. Nach andern Berichten
vertrieb er die bösen Geister, die Berge, Wälder und Thäler
bevölkerten, wobei in der einen Vita gesagt wird, dass es nur
auf sieben Jahre, sieben Monate und sieben Tage geschehen
sei. Ich möchte die Vertreibung der dem Heiligen wider-
strebenden bösen Geister und giftigen Würmer, deren Vertreibung ihm Herzensache war, für eine allmähliche Mythen-
bildung erklären und in jenen die Druiden wiedererkennen,
die ihm bei der Bekehrung Irlands viel zu schaffen machten,
und deren er sich nach einigen Berichten, in denen sie bereits
zu bösen Zauberern geworden sind, dadurch entledigte, dass
er sie in der Luft vom Teufel erwürgen, durch vom Himmel
fallendes Feuer verzehren und durch der Erde Abgrund ver-
schlingen lässt: doch muss erwähnt werden, dass Schlangen
und giftige Tiere in Irland weder vor- noch fortkommen.

Schon aus diesen wenigen Andeutungen geht hervor, welchen
Spielraum sein Leben für sagenhafte Verzierung und Umsäu-
mung bot, kein Wunder, dass die Mönche sich gern mit dem
Leben dieses Heiligen beschäftigten; und dass es nicht allein
für irische, sondern auch für englische Mönche ein Lieblings-
stoff war, ist wohl zu verstehen, da die Bekehrung Englands
von Irland aus vollzogen wurde und der Heilige somit auch
für die englische Kirche von Bedeutung war. Auffallend bleibt
es jedoch, dass diese Lebensbeschreibungen um so vieles jünger
als Patricius selber sind, vielleicht lässt sich aber gerade damit,
dass sein Leben so lange nicht aufgezeichnet, sondern nur mündlich überliefert wurde, die Fülle der sagenhaften Umhüllung
erklären. Obwohl Patricius schon im 5. Jahrh. gestorben
ist, findet sich doch keine ausführliche Beschreibung seines
Lebens, die vor das 8. oder 9. Jahrh. könnte gesetzt werden.[1]

---

[1] C. G. Schöll De ecclesiasticae Britonum Scotorumque historiae fontibus Berol. 1851 kommt p. 76, da vor dem 8. Jahrh. niemand den Patricius erwähne, zu dem Schlusse, dass entweder Patricius ganz vergessen
war im Laufe der Zeit oder seine Person eine erdachte ist, und p. 77,
dass, wenn Prosper Recht habe, Palladius auch den Namen Patricius führte
und vom 9. Jahrh. an gesondert über zwei verschiedene Personen, Palladius
und Patricius, berichtet werde; jedenfalls aber sei zu Bedas Zeiten Patricius
nicht für den ersten Apostel gehalten. Für die Zeitbestimmung urteilt
ähnlich W. F. Skene im 2. Bande seines Celtic Scotland.

Als älteste Nachricht über das Leben des heil. Patricius — es giebt etwa sechzig verschiedene Viten, doch beruhen die späteren zum grösseren Teile auf den bis zum 12. Jahrh. entstandenen — bezeichnet Skene[1]) die Aufzeichnungen des Bischofs Tirechan, geschrieben nach der Erzählung oder dem Buche des Bischofs Ultan, dessen Zögling und Schüler er war; die ältesten ausführlichen Lebensbeschreibungen — sieben an der Zahl — hat Colgan[2]) veröffentlicht. Aus deren Reihe sind für unsere Untersuchung, weil sie das Purgatorium erwähnen, hauptsächlich die beiden letzten, die Vita autore Jocelino und die von Colgan Vita tripartita genannte und dem heil. Evinus zugeschriebene von Wert; ehe wir diese ausführlicher betrachten, mögen noch einige allgemeine für unsere Legende bedeutungsvolle Züge aus den verschiedenen Viten hervorgehoben werden: man darf sich jedoch nicht wundern, wenn diese Berichte sich manchmal widersprechen und namentlich auch im Gebrauche der Eigennamen von einander abweichen.

Da wird zunächst erzählt, dass der Heilige den „Stab Jesu" besass, mit dem er gleich Mosi Wasser aus dem Felsen schlagen konnte; wie er in dessen Besitz gelangte, ist freilich verschieden dargestellt, indem nach der einen Überlieferung der Herr selbst, nach einer anderen ein Eremit ihm den Stab im Auftrage Jesu übermittelte, während er nach anderen durch Patricius von einer Insel im tyrrhenischen Meere geholt wurde. Sehr oft begegnet uns ein in Irland allerdings sehr üblicher

---

[1]) Er gibt a. a. O. eine ausführliche Übersicht über die Viten, wobei er zeigt, wie die ursprünglichen einfachen Daten aus dem Leben des heil. Patricius nach und nach zu einem unförmlichen Gemisch allerlei abenteuerlicher Geschichten angeschwollen sind. Auf ihn verweise ich um so lieber, als er neben Lanigan auch die neueren umfassenden Schriften, die ich nicht erlangen konnte, wie James Todd St. Patrick, Apostle of Ireland, a Memoir of his Life and Mission Dubl. 1863 und Miss Cusack Life of St. Patrick benutzt hat.

[2]) Acta sanctorum veteris et maioris Scotiae seu Hiberniae sanctorum insulae, partim ex variis per Europam mss. codd. exscripta, partim ex antiquis monumentis et probatis authoribus eruta et congesta: omnia notis et appendicibus illustrata. Lovan. 1645—1647. Tom. II.: Patricii, Columbae et Brigidae acta continens (dieser Teil auch u. d. T.: Triadis thaumaturgae seu divorum Patricii, Columbae et Brigidae acta), edidit Joannes Colganus. Lovan. 1647.

Name in der Form Oengus oder an diese anklingend; Colgan
sagt, dass der Name, der auch als Owen und Oenus vorkommt,
in diesen Formen falsch sei, die Namen Eogan, der Eugen be-
deute, Oengus und Angussius dagegen wohlbekannt seien.
Oengus heisst ein Fürst in der vierten Vita, der dem Heiligen
nicht wohlwill und ihn durch zwei Zauberer zu schädigen
sucht. Denselben Namen führt ferner ein König von Münster
in der sechsten Vita, der, zunächst von Patricius getauft, nachher Zeuge vieler Wunder ist: so wohnt er der Auferweckung
von neunzehn Toten und der wunderbaren Speisung der
14,000 Mann bei, er wird auch von Patricius, der ihm einst
bei einer Predigt aus Versehen mit seinem Stabe den Fuss
durchbohrt, geheilt; ebenderselbe König heisst in der Vita tripartita Angussius. Totenerweckungen und Visionen kommen
ebenfalls häufig vor; die eben erwähnten neunzehn Auferstan-
denen müssen alsbald erzählen, welche Strafen sie erduldet
haben nach dem Tode. Die dritte und sechste Vita berichten,
dass Patricius den König Echu (die Vita tripartita nennt ihn
Eochadius und Euchadius; beide Formen klingen an Eogan,
das ist nach Colgans Erklärung gleich Oengus, an) auferweckt
und letzterer auf des Heiligen Geheiss, um die eingefleischten
Zweifler zu bekehren und die Gläubigen zu stärken, dem ver-
sammelten Volke mitteilt, was er von dem Glücke der Seligen
und den Strafen der Verdammten gesehen habe. Ich setze
die betreffenden Stellen aus den beiden letzten Viten vollständig hierher, da sie, wie mir scheint, mit der Legende Heinrichs von Saltrey einige verwandtschaftliche Beziehungen haben.

Jocelin cap. 80 (Colgan p. 83): Quia enim absque regene-
rationis sacramento decessit, continuo vitae restitutum regulis
fidei instruxit, instructumque baptizavit. Baptizato autem rege
coram plebe ad eiusdem aedificationem ac commendationem suae
praedicationis narrare praecepit, quae de poenis reproborum
et gaudiis electorum plenius agnovit. Cumque multa miranda
de illis referret, inter cetera dicebat se suum in caelesti patria
a Patricio sibi promissum vidisse locum et, quia baptizatus
nondum fuerat, illuc intrare non posse, sicque ob precem sancti
iussu divino corpus suum reinduisse. Sciscitabatur ab eo sanctus,
utrum mallet in hoc mundo vivere diutius an in instanti ad
locum sibi praeparatum pergere. Respondens rex resuscitatus,

se totius orbis dominium et divitias instar inanissimi fumi du-
cere asseruit in comparatione gaudiorum caelestium, quae ocu-
lata fide probavit. Sed rogo, inquit, ut absolvar a corpore
mortis huius et educar quantocius de carcere isto, quia vehe-
mentissime cupio dissolvi et esse cum Christo. His dictis accepit eucharistiae viaticum, et sic dormiens in Domino abiit in
immortalitatis locum. Vita tripartita, pars III. cap. 8 (Colgan p. 150): Et veniens
(scl. Patricius) ad locum, ubi Eochadii defuncti corpus iacebat,
curavit assistentes omnes exire: et in genua et preces tota
mentis effusione provolutus, hominis creatorem et reparatorem
Deum compellans, quatenus suis adsit promissis, in Omnipotentis
nomine mandat, ut Euchadius vitae restitutus sibi coram recenter
in Christum conversis, quae de poenis damnatorum et electorum
gaudiis ipse iam saepius praedicaverat et defunctus vera esse
Deo revelante iam expertus erat, clare disserat et referat. Res
mira! defunctus, spiritu in emortuum cadaver refuso, omnia de
reproborum poenis et iustorum praemiis sibi ostensa coram
assistentibus clare refert. Et cum his ad aedificationem populi
in fide Christi recens plantati relatis daret antistes sanctus op-
tionem ei, an vellet amplius inter mortales vivere et adhuc
annis quindecim regnare an vero ad gaudia visa in Christo
baptizatus mox migrare, respondit se omnia mundi regna et
delicias tanquam nihilum et fumum statim transeuntem reputare
comparatione gaudiorum, quae e longe et in mentis raptu prae-
gustaverat. Et sic baptizatus et Christi familiae adsertus mox
laetus et ad aeterna gaudia anhelans cum omnium admiratione
et aedificatione remigrat et in Domino requiescit.

Die beiden Lebensbeschreibungen, denen das soeben Mit-
geteilte entnommen ist, enthalten, wie oben kurz erwähnt
wurde, auch Berichte vom Purgatorium. Es muss überraschen,
dass eine der älteren, wie die Vita tripartita ist, das Purgatorium
erwähnt, während seiner in den anderen mit keinem Worte gedacht wird; man würde viel mehr Recht haben, das Purgatorium
des heil. Patricius für eine Erfindung späterer Jahrhunderte,
frühestens des zwölften [1] zu halten, wenn nicht jene Vita des

---

[1] M. Edélestand du Méril, Poésies populaires latines antérieures au
douzième siècle Paris 1843 sagt in der Anm. auf S. 147: La plus ancienne

Evinus im Wege stände. Wie verhält es sich nun aber in
Wirklichkeit mit dieser Vita und der Erwähnung des Purgatoriums in ihr?

Zunächst ist nicht erwiesen, ob Evinus wirklich der Verfasser der Vita tripartita ist: Jocelin erklärt, bei der Zusammenstellung seines Berichtes über Patricius Leben die Lebensbeschreibung des Evinus, die irisch und lateinisch durcheinander
geschrieben sei, benutzt zu haben:[1] da dies Kennzeichen bei
der von Colgan gefundenen dreiteiligen Lebensschilderung zu-
traf, glaubte er in ihr die des Evinus erkennen zu müssen, und
so teilte er sie als Vita tripartita autore S. Evino in lateinischer
Übersetzung mit. Evinus war Abt von Ross und lebte nach
Colgan (p. 169) von 550—600, mithin würde diese Vita ins
6. Jahrh. gehören; ganz überzeugt ist Colgan von dem hohen
Alter freilich selber nicht, doch hilft er sich damit, dass er die
Anspielungen auf spätere Zeiten als spätere Zusätze ansieht.
Ware setzt ihn in Übereinstimmung mit Jocelin ins 7. Jahrh.,
Lanigan[2]), der den ganzen ersten Band seines Werkes der
Analyse der Leben des Patricius widmet, führt einige Momente
gegen das hohe Alter der Vita ins Feld und lässt sie im 10.
Jahrh. entstanden sein.

Mag sie wann immer und von wem immer geschrieben
sein, da spätere Zusätze selbst von dem eifrigsten Verfechter
ihres Alters zugegeben werden, dürfen wir vermuten, dass auch
der Bericht über das Purgatorium später in sie eingetragen
wurde, besonders da schon die Art, wie Colgan diesen Ab-
schnitt einführt, nicht besonders vertrauenerweckend ist; Colgan hat ihn am Ende jener Handschrift gefunden und teilt,
während die Vita selbst sich S. 117 169 befindet, ihn erst

---

version (scl. du purgatoire) que nous ayons vu citer, se trouve dans un
manuscrit du Vatican du Xme siècle (ap. Greith Spic. Vatic. p. 111); das
ist unrichtig: Greith führt nämlich auf „De S. Patricio Hyberniae apostolo.
cod. coll. fol. Chr. 1694, X. saec.", sagt aber in der Besprechung desselben ausdrücklich: „Vom Purgatorium ist indessen darin noch nicht
die Rede."

[1] Jocelin cap. 186 (Colgan p. 106): Sanctus nihilominus Fuinus simili
modo actus S. Patricii in unum codicem compilavit, quem partim Latino
sermone, partim Hibernico composuit.

[2] A. a. O. I, S. 87.

S. 285 mit: doch hören wir Colgan selbst! Die Stelle lautet bei ihm: Omnium, quos videre potui, qui de hoc Purgatorio scripserunt, videtur antiquior S. Euinus seu author vitae tripartitae S. Patricii, qui ad calcem tertiae partis per modum supplementi duos breves[1]) tractatulos subiunxit quasi in ipso opere omissos; unum de hoc Purgatorio, alterum postea de pluribus S. Patricii sanctis discipulis, quos ipse sanctissimus Archipraesul diversis ministeriis et sacris muniis obeundis praefecit: quem licet fuerit ibi ordine posterior, quia ad ipsam actorum historiam maxime spectabat, ibidem capite XCVIII. exhibuimus, reservato ad hunc locum opportuniorem illo tractatulo de Purgatorio, qui talis est: „Post fundatas a sanctissimo Praesule Patricio multas ecclesias, Dominus tulit ipsum in locum desertum et solitarium ibique ostendit ipsi unum antrum profundum, interius tenebrosum et dixit illi: Quicunque compunctus corde, vere poenitens, peccata integre confessus et in fide non haesitans, antrum hoc cum devotione ingressus fuerit et in eo XXIV horarum spatio manserit, non solum purgabitur ab omnibus superioris vitae peccatis, et, si quae praerequiruntur, rite perfecerit, non solum videbit damnatorum tormenta, sed et iustorum gaudia ipsi ostendentur. Sanctus autem Archipraesul et Primas Patricius paulo post illam Domini apparitionem exstruxit in eodem loco ecclesiam, in qua constituit Canonicos Ordinis D. Augustini. Antrum vero (quod est in caemiterio ad angulum eiusdem ecclesiae tendentem quasi medium inter aquilonem et orientem) muro cinxit, ostio et seris clausit clavesque priori eiusdem ecclesiae perpetuo custodiendas tradidit. Non multum autem postea, vivente adhuc in carne ipso S. Patricio intrabant illud antrum plurimi zelo devotionis et poenitentiae pro peccatis ibi peragendae stimulis commoti; qui reversi testabantur se clare conspexisse multos in fide vacillantes ibi multis poenis affligi: quorum et revelationes curavit S. Patricius conscribi et in eadem ecclesia conservari. Multi postea propter horum aliorumque, qui antrum illud sunt ingressi, testimonia, purgationem a peccatis et vitae in melius commutatae emendationem, S. Patricii praedicationi fidem adhibuerunt. Antrum ipsum S. Patricii

---

[1]) Im Texte steht renes, doch wird in den Errata dies als ein Druckfehler für breves angegeben.

Purgatorium vocatur, propterea quod ex relatione fide dignorum testium constet quosdam ingredientes innumerabilia tormenta per visum passos fuisse a daemonibus, quamvis postea diu in saeculo vixerint, ut per ea, quae passi sunt, caeteri poenitentiam et eiusdem Purgatorii ingressum pro poenis peccatorum satisfaciant." Ob diese ganze Stelle eine Interpolation ist, könnte man am leichtesten aus dem ursprünglichen Texte erschen (Colgan gibt ja nur eine Übersetzung), eine Abschrift des Originals ist, wie Skene S. 441 sagt, durch Prof. O'Curry im Brit. Museum und eine andere etwas ältere Fassung in der Bodleiana zu Oxford aufgefunden worden; eine Übersetzung des irischen Textes durch Mr. W. M. Hennessy ist dem Buche der Miss Cusack beigegeben. Leider entscheidet Skene die Frage der Urheberschaft dieser Stelle nicht, obgleich er dazu wohl in der Lage gewesen wäre. Lanigan[1]) ist überzeugt, dass die Erwähnung des Purgatoriums bei Evinus aus der „närrischen" Geschichte des Heinrich von Saltrey herübergenommen ist.

Ich muss diese Frage offen lassen, doch ist in jenem Berichte des Evinus eine Andeutung enthalten, die uns zwingt, die Niederschrift bewusster Stelle nicht vor das 12. Jahrhundert, ja vielleicht in dessen letztes Viertel zu setzen, ich meine die Erwähnung der Canonici ordinis d. Augustini.

Die Canonici treten überhaupt erst im 8. Jahrhundert als Mittelglied zwischen Mönchen und Säkulargeistlichkeit auf, die Verderbnis des Mönchstums zeigte sich auch bei ihnen, Papst Nikolaus II. (1059—1061) suchte sie durch ein Dekret vom Konzil zu Rom 1059 zu reformieren, doch gelang sein Vorhaben nur teilweise; erst dem Einflusse Ivos, der später zum Bischof von Chartres erwählt wurde und als solcher 1092—1115 wirkte, war es vorbehalten, einen nachhaltigen Wandel hervorzurufen. Diejenigen Canonici, die seiner Vorschrift folgten und auf jeden Privatbesitz verzichteten, auch alles ohne Ausnahme gemeinsam hatten, nannte man Canones regulares,

---

¹) A. a. O. I, 368. Er ist überhaupt nicht sehr erbaut von der Legende; da wohl niemand erwarten könne, dass er sich bei solchem Gewäsch lange aufhalte, gibt er bloss seiner Verwunderung Ausdruck, dass Colgan solchen Schund drucken lassen konnte.

die durch Nikolaus' II. Dekret bestimmten dagegen Canones saeculares; die letzteren hatten nur Wohnung und Tisch gemeinsam. Da nun namentlich im Orden des heil. Augustin dieselben Vorschriften wie die des Ivo eingeführt wurden, obgleich sie nie aufgezeichnet worden sind, wurden die Regulares auch Canones regulares Sti Augustini oder Canones sub regula Sti Augustini genannt. Vom Ende des 11. Jahrhunderts frühestens, besser wohl erst vom 12. Jahrhundert an wird ein Unterschied zwischen Canones saeculares und regulares gemacht, vor dieser Zeit wird in weiter Ausdehnung nur das einfache Canones gebraucht.

Nach England kam dieser Orden ziemlich zeitig, auch entwickelte und verbreitete er sich hier durch die Gunst der Verhältnisse sehr schnell: Adelwald, der Beichtvater Heinrichs I. (1100—1135), errichtete zuerst zu Nostel in Yorkshire eine Priorei dieses Ordens, durch seinen Einfluss wurde die Kirche von Carlisle in einen Bischofssitz verwandelt und den Canones regulares mit der Vergünstigung, sich ihren Bischof selbst zu wählen, überlassen. Heinrich gab 1107 dem Orden die Priorei von Dunstable, gegen 1109 wurden sie in Clocester eingeführt, dann errichtete die Königin Mathilde für sie die Priorei der hl. Dreieinigkeit in London, deren Prior stets einer der vierundzwanzig Aldermen war.[1]) Wann sie in Irland eingeführt wurden, ist nicht zu ermitteln; der Orden wollte nämlich später ein viel höheres Alter, als ihm in Wirklichkeit zukam, für sich in Anspruch nehmen, und da er, was immer sich früher Canones genannt hatte, als zu ihm gehörig betrachtete oder betrachtet zu sein wünschte, sind die Spuren einigermassen verwischt. In den Acta Sanctorum Bolland. wird indes als hinreichend erwiesen angesehen, dass vor der Eroberung Irlands durch die Engländer Canones regulares in diesem Lande nicht gewesen seien.[2])

---

[1]) Helyot, Histoire des ordres monastiques Paris 1721 (p. 137). Geschichte aller Kloster- und Ritterorden (deutsche Übersetzung 1752—59). Hospinianus 1460. Penottus, Historia Canonum regul lib. II. cap. 70.

[2]) Act. Sanct. Boll. Mart. Vol. II. p. 587, 35: nam quae alia eidem Ordini concessorum coenobiorum ad Canonici Anglicani compilatorem pervenerunt monumenta, satis indicant, ante adventum Anglorum in Hiber-

Wie dem auch sei, jedenfalls haben wir die Gewissheit,
dass die erwähnte Stelle in der Vita des Evinus nicht vor dem
12. Jahrh. abgefasst sein kann. Dem Purgatorium des heil.
Patricius ein höheres Alter zuzuschreiben, ist auf Grund dieser
Stelle schlechthin unmöglich; sie ist durchaus ohne Wert für
die Bestimmung der Entstehung des Glaubens an das Fegefeuer des heil. Patricius. Die Legende über das Purgatorium
ist eine spätere Zuthat zu den über den Heiligen verbreiteten
Legenden. Wie es scheint, hat Patricius sogar nicht einmal
die Lehre vom Fegefeuer gepredigt, in seinen Werken findet
sich davon keine Andeutung, [1]) er spricht stets nur von Himmel,
Hölle und Erde; das scheinen sogar die verschiedenen Fassungen unserer Legende zu beweisen; trotzdem sie den Titel
„Purgatorium" führen, wird darin von Patricius gemeldet, dass
er den Iren gepredigt habe — nur von den Freuden ·der Seligen
und den Strafen der Verdammten. Da nun aber vor dem
12. Jahrh. das Purgatorium des heil. Patricius nirgends erwähnt wird, so dürfen wir es als eine Erfindung eben dieses
Jahrh. bezeichnen, doch ist die Ansicht nicht ausgeschlossen,
dass der Glaube daran bereits längere Zeit bestand, ehe es all-
gemeiner bekannt wurde, ehe es namentlich den Herold fand,
der diesen Wunder- und Gnadenort durch schriftliches Zeugnis
der gläubigen Christenheit verkündigte.

In der Lebensbeschreibung des Evinus war das Purgatorium
des heil. Patricius in eine Höhle verlegt — die Allgemeinheit
des Ausdrucks bekundet bei einer etwa beabsichtigten Täuschung
des Interpolators eine nicht ungeschickte Hand — wie in dem
Berichte Heinrichs von Saltrey; Jocelin[2]), der zwischen 1180

niam nullos fuisse in ea Canonicos regulares sub S. Augustini regula
viventes.

[1]) Hart Ecclesiastical Records of England, Ireland and Scotland (Cam-
bridge 1846), p. XXXI.

[2]) Seine Lebensbeschreibung befindet sich im Florilegium insulae
sanctorum seu vitae et acta sanctorum Hiberniae, quibus accesserunt
S. Patricii Purgatorium aliaque monumenta, omnia . . . collegit et publi-
cavit Thomas Messingbamus (Parisiis 1624) S. 1 — 85, ferner als sechste
Vita bei Colgan, endlich in Act. Sanct. Boll. 17. Mart. II. p. 540 — 580;
sie wurde ins Englische übersetzt durch Edm. L. Swift u. d. T.: Jocelin,
the Life and Acts of St. Patrick, Apostle of Ireland, now first translated,
Dublin 1809. 8⁰. Mit zwei Kupfern.

21

und 1185 seine Vita des heil. Patricius schrieb, spricht von dem Purgatorium, auf dem Berge Cruachan Aigle in Connaught belegen. Wir wissen, dass er zu Furness [1]) Mönch war und auf Wunsch des Bischofs Thomas von Armagh die Lebensbeschreibung zusammenstellte; das Jahr der Abfassung können wir nicht genau angeben, Colgan hat durch seine Untersuchung 1185 erhalten, und ihm sind Wright[2]), Skene u. a. gefolgt. Colgan schreibt über ihn auf S. 108:

Hic Jocelinus scriptor sane optimae notae, nitidi et elegantis styli fuit genere Wallus sive Cambrobritanus et monachus (ut videtur) Cestriensis primo in Britannia et Dunensis postea in Hibernia. Fuisse enim videtur unus de monachis nigris, quos Cestria in Anglia accitos saecularibus canonicis expulsis Joannes Cursius a. 1182 substituit in ecclesia cathedrali Dunensi in Hibernia, ut ad eundem annum scribit Usserus in Indice chronologico dicens: „Joannes Cursius expulsis saecularibus canonicis de ecclesia cathedrali Dunensi (ut habet in annalibus suis Pembrigus) eorum loco monachos nigros substituit, prioratu ecclesiae ab eodem et Malachia Dunensi episcopo cuidam Guilelmo de Ethlestale, monacho Cestrensi, concesso," scripsisse autem videtur hanc vitam anno 1185, quia non ante vel post. Quod non ante illum annum scripserit, patet, quia illam vitam edidit adhortatione Thomae archiepiscopi Ardmachani, qui, ut mox ostendam, anno 1185 creatus fuit archiepiscopus Ardmachanus. Quod etiam nec post, inde colligitur, quod non fecerit ullam mentionem inventionis corporum sanctorum Patricii, Brigidae et Columbae, quae paulo post eodem anno contigit, ut scribit Usserus De primordiis eccles. Britann. p. 889 et in Indice chronol. ad eundem annum, nec memoriam etiam translationis eorundem corporum, quae authoritate Apostolica facta est anno 1186, ut scribit Usserus ibidem et colligitur ex Giraldo Cambrensi in Historia vaticinali, Ranulpho Cestrensi, Henrico Marleburgensi et aliis, qui dicunt hanc translationem factam

----

[1]) Furness, Abtei in Lancashire, gestiftet 1127, nach Camden von König Stephan (1135—54).
[2]) Th. Wright St. Patrick's Purgatory; an Essay on the Legends of Purgatory, Hell and Paradise, current during the Middle Ages. London 1844. 8⁰.

fuisse anno primo advcntus Joannis de Curci in Hiberniam:
quem in Hiberniam primo venisse anno 1185 scribit Matthaeus
Florilegus ad eundem annum et alii communiter, und ausserdem Creatus fuit hic (sc. Thomas) archiepiscopus Ardmachanus
·anno 1185, ut ad eundem scribit Usserus in Indice chronol.
dicens: Amelauo O'Muredo defuncto Thomas sive Thonultach
O'Connor in archiepiscopatu Ardmachano successit, cuius hortatu a Jocelino Furnesii monacho editum est opus de vita
S. Patricii.

Lassen wir den ersten Teil dieser Beweisführung, die
Lebensumstände des Schriftstellers betreffend, als eine Vermutung Colgans [1]) auf sich beruhen, so berührt es einigermassen
seltsam, dass der Erzbischof von Armagh einem Mönche in
Lancashire Auftrag zu dieser Lebensbeschreibung eines irländischen Heiligen geben konnte: irgend einen Anhalt für nähere
Beziehungen zwischen diesen beiden Persönlichkeiten hat man
jedoch bisher noch nicht gefunden. Es ist wohl anzunehmen,
dass Jocelin die Auffindung der Gebeine des heil. Patricius und
deren Beisetzung nicht mit Stillschweigen übergangen hättè in
seinem Werke, wenn ihm diese Vorfälle bekannt gewesen
wären; da er sie nicht erwähnt, wird seine Vita, wie Colgan
meint, vor Ende des Jahres 1185 anzusetzen sein. Anderer
Meinung könnte man über den anderen terminus sein: Thomas
O'Coñor wurde nämlich im Jahre 1185 oder 1186 zum zweiten
Male als Erzbischof bestätigt, nachdem er bereits von 1180 —
1184 diese Stellung bekleidet und dann abgedankt hatte [2]): es
könnte also recht gut die Lebensbeschreibung schon in den
ersten der achtziger Jahre entstanden sein, diese Auffassung
hat sogar mehr Wahrscheinlichkeit für sich, da ein solches
Werk doch augenscheinlich nicht in wenigen Wochen in jener
Zeit geschrieben sein kann und Thomas, wie es scheint, an der
Scheide der beiden Jahre sein Amt wieder aufnahm, dann aber

---

[1]) Wright Biogr. Britann. litt. II. 257 hat die Quelle für die Be-
hauptung Colgans, Jocelin sci in Chester und Dawnes Mönch gewesen, nicht
finden können.

[2]) Scries episcoporum ecclesiae catholicae quotquot innotuerunt a beato
Petro apostolo. A multis adiutus edidit P. Pius Bonifacius Gams. O. S. B.
Ratisbonae 1873. 4⁰.

dem Jocelin die Auffindung der Gebeine hätte bekannt sein müssen.

Jocelin verknüpft übrigens die Gründung des Purgatoriums mit der Vertreibung der bösen Geister aus Irland durch Patricius; sein Bericht darüber lautet im 172. Kap. (bei Colgan p. 1027): Dolebant daemones deletum dominium suum in Hibernia per Patricium animisque infesti insistebant illi ieiunanti et oranti pariter conglobati contra eum. In specie namque nigerrimarum avium forma, magnitudine horribilium ac multitudine supra et circa eum volitabant et horrisonis garritibus gestientes impedire orationem eius diutius virum Dei molestabant. Patricius tandem Dei gratia praeventus protectusque adiutorio, signo crucis edito, aves illas mortiferas a se longius abegit ac continua crebraque cymbali sui percussione eas ab Hiberniae finibus effugavit. Daemones itaque a S. Patricio trans mare fugati fugerunt et in insulis a fide et dilectione Dei alienis per phalanges divisi degere ac fantasias suas exercere soliti sunt. Ab illo ergo tempore usque in praesens venenosa animantia in Hybernia meritis et precibus sanctissimi Patris Patricii penitus esse cessarunt, daemonumque fantasmata et illorum illusoria scemata, sicut in caeteris regionibus apparere non consuescunt. Cymbalum etiam sancti ex crebris ictibus in una parte apparuit effractum, quod postmodum angelica manu est resolidatum, cuius cicatrix adhuc apparet oculis intuentium. In huius igitur montis cacumine ieiunare ac vigilare consuescunt plurimi opinantes se postea nunquam intraturos portas inferni, quia hoc impetratum a Domino existimant meritis et precibus S. Patricii. Referunt etiam nonnulli, qui pernoctaverant ibi, se tormenta gravissima fuisse perpessos, quibus se purgatos a peccatis putant, unde et quidam illorum locum illum purgatorium S. Patricii vocant.

Werfen wir jetzt nach Betrachtung der Lebensbeschreibungen des Heiligen und der frühesten Erwähnungen des Purgatoriums einen Blick auf den Inhalt unserer Legende und zunächst auf deren Einleitung! da ist zunächst auffallend, dass keiner der in der Einleitung erwähnten Berichte über den Besuch des Purgatoriums zur Kenntnis der Biographen des Heiligen gelangte, noch auffallender ist, dass Jocelin des Besuchs des Ritters Oengus nicht Erwähnung thut, obgleich dieser doch

etwa dreissig Jahre vor der Niederschrift dieser Vita stattgefunden hatte, nicht minder auffallend ist der Widerspruch in-
bezug auf die Örtlichkeit des Purgatoriums. Die erste dieser überraschenden Thatsachen erklären wir
uns wohl am besten damit, dass wir auch diesen Zusatz als
Nachgedanken, die ganze Legende aber, wie sie sich bei Heinrich von Saltrey findet, als allmählich sich entwickelnd, im
Laufe der Jahrhunderte entstanden ansehen: Zug für Zug setzt
sich diese Legende aus bekannten, in der Überlieferung vorhandenen und damals lebenden Berichten zusammen, nur sind
diese Berichte zwecks Zusammenstellung zu einem Ganzen ein
wenig zugeschnitten. Sehen wir daraufhin einmal das Purgatorium an! Der Stab, der Wasser aus der Erde hervorquellen
liess, dabei also die Erde zu sprengen imstande war, ist auch
geeignet, die Erde zu öffnen, um die Höhle des Purgatoriums
hervortreten zu lassen. Die Druiden, die dem Heiligen bei
seinem Bekehrungswerke Schwierigkeiten in den Weg legten,
schliesslich aber der Macht seines Glaubens nicht widerstehen
konnten, wurden zu bösen Zauberern, dann zu Schlangen und
gittigem Gewürm, endlich in Gestalt pechschwarzer Vögel zu
Berge bevölkernden bösen Geistern, die Patricius in die Höhle
bannt, und mit denen später die in Reue über ihre Sünden
geratenen Besucher des Purgatoriums zu kämpfen haben, denen
sie entweder unterliegen oder obsiegen. Der einsam gelegene
Berg bekommt wie die einsam gelegene Schlucht den Namen
„Purgatorium," weil zunächst der Heilige sie von den unsaubern
Geistern gereinigt hat und andere nach ihm die bösen Geister
dort besiegt haben; schliesslich wird es ganz in die Höhle verlegt von der Höhe des Berges herab, werden die bösen Geister
von ihren Höhen in den Schlund der Erde gestürzt, wie die
Schlangen und das giftige Gewürm in das tiefer liegende Meer
getrieben werden. Die verschiedenen Strafen, die im Purgatorium die Seelen erleiden, können aus andern Visionen entlehnt sein, entsprechen aber auch der allgemeinen Auffassung
jener Jahrhunderte; Anklänge finden sich in den Totenerweckungen und Visionen der Hellseher, als deren Höhepunkt
jener Bericht von dem Leben nach dem Tode anzusehen ist,
welchen auf Patricius' Geheiss König Echu oder Aengussius
oder Oengus gibt, und ebenderselbe Oengus muss sogar seinen

Namen dem Ritter leihen, dessen Niederfahrt zum Purgatorium, die Legende in der auf uns gekommenen Gestalt bekannt gemacht hat.

Den zweiten fraglichen Umstand, das Stillschweigen über den Besuch des Ritters Oengus im Fegefeuer, zu erklären ist nur möglich bei der Annahme, dass Jocelin davon noch nichts gehört hatte; mit Absicht oder aus Versehen es ausgelassen zu haben, darf von ihm nicht vermutet werden, da er von einem Erzbischofe des Auftrages gewürdigt war und das Purgatorium, wenn auch ein anderes, von ihm erwähnt wird. Messingham führt sogar zwei Entschuldigungsgründe [1] an, aber beide sind nicht stichhaltig. Entweder ist Heinrichs Legende noch nicht zu jener Zeit geschrieben oder dem Jocelin noch nicht bekannt gewesen: das ist die einzige Entschuldigung der Unterlassungssünde Jocelins. [2]

[1] Messingham a. a. O. Vorrede: Cum ergo certissimum sit, ut ex infra dicendis manifeste patebit, extraordinarium in Hibernia S. Patricio inventum fuisse Purgatorium: certum item sit, istud a Jocelino in eius Vita aut prorsus silentio praeteriri aut levissime factum deseri, non ideo existimamus, commun:m domesticorum traditionem ac exterorum hocce de purgatorio assertionem debilitari aut Jocelinum imperfecti operis autorem debere appellari, cum et ipsum sufficienter excusare et non incongrue supra relatum Joannis de Domino dictum famulo Domini Patricii accomodare possimus, sic dicendo: sunt autem et alia multa, quae fecit Patricius, quae non sunt scripta in libro hoc a Jocelino composito ob causas nimirum supra in explicatione textus evangelici memoratas. Deinde non sine magna probabilitate asserimus, Jocelinum idcirco de Purgatorio S. Patricii, in libro eius Vitae non tractasse, quod ex aliquorum opinione deceptus, non Patricium apostolum, sed enim Patricium et aetate et dignitate ab hoc diversum huius Purgatorii inventorem fuisse putaverit, quam sententiam utpote falsam infra refutatam videbis.

Es scheint Ev. Joh. 21, 25 gemeint zu sein; der Grund würde dann der mangelhafte Glaube an Wunder sein.

[2] Die Erklärung bei den Bollandisten p. 589 erscheint mir ziemlich gezwungen: der Vollständigkeit wegen möge sie hier stehen:

Jocelino in eadem tempora recenter appulso in Hiberniam aggressoque Patricii acta colligere, cum de hoc Purgatorio nihil apud antiquos reperiret, sermone autem inaudisset aliquid, facile fuit locorum homonomia decipi: et ei, qui Purgatorium S. Patricii audiverat esse sub montibus S. Patricii, quo nomine dicuntur montes inter Ernaeum lacum et Deargh interiecti, teste in suis tabulis Mercatore, legeretque altissimum montem

Aus der Erwähnung des Purgatoriums bei Jocelin ersehen wir, dass zu seiner Zeit der Glaube an das Purgatorium des heil. Patricius bestand, doch nehmen verschiedene Orte es für sich in Anspruch: zwei derselben sind uns bekannt geworden, das eine das Berg-, das andere das Höhlenpurgatorium, beide in der Nähe der Gegend, wo König Echu von Patricius auferweckt wurde und erzählen musste, was er in der Hölle und im Himmel gesehen hatte.

Abgesehen von der Erzählung des Mönches von Saltrey, finden wir noch eine etwa gleichzeitige Nachricht über das Purgatorium bei Giraldus Cambrensis [1]), die nur wenige Jahre später als Jocelins Vita geschrieben ist und merkwürdigerweise ebenfalls jenes Besuchs des Ritters Oengus nicht gedenkt; er spricht nicht von dem Berg-, sondern von dem Höhlenpurgatorium, wenn er sagt: [2])

Est lacus in partibus Ultoniae continens insulam bipartitam; cuius pars altera probatae religionis ecclesiam habens spectabilis valde est et amoena, angelorum visitatione sanctorumque loci illius visibili frequentia incomparabiliter illustrata: pars altera hispida nimis et horribilis, solis daemonibus dicitur assignata, ut quae visibilibus caco-daemonum turbis et pompis tere semper manet exposita. Pars illa novem in se foveas ha-

Conaciae veteribus Cruachan Aichle dictum, postquam in eo ieiunasset Patricius, ab eodem nomen retinuisse et frequentari a multis, pronum fuit, ut ignorans homonymorum montium differentiam utrosque confunderet, hunc in modum scribens de praedicto Conaciae monte nu. 150: „In huius igitur etc . . . . precibus S. Patricii“ hactenus de Cruachan Aichle, vera fortassis: deinde de loco altero in insula Ultoniae: „Referunt etiam nonnulli . . . . Purgatorium S. Patricii vocant“.

[1]) Sylvester Giraldus, von seinem Geburtsland Cambrensis genannt, mit dem Familiennamen Barry, Burry oder Barrius, wurde etwa 1146 geboren. 1184 wurde er Kaplan Heinrichs II. und Erzieher des nachherigen Königs Johann Ohneland. Mit diesem seinem Zöglinge ging er 1185 nach Irland: als Frucht dieses Aufenthalts in Irland verfasste er später eine Geographie der Insel unter dem Titel „Topographia Hiberniae.“ Wir wissen, dass er sein Manuskript im Jahr 1187 vorlas, und dass also die Abfassung etwa ins Jahr 1187 fällt. Seine Schriften sind gedruckt bei Twysden, Historiae Angl. scriptores decem Frankfurt 1602 (und London 1652.)

[2]) 5. Kap. der Topogr., das Colgan bezeichnet Seite 286 als dist. II, cap. 3.

bet; in quarum aliqua si quis pernoctare praesumpserit (quod
a temerariis hominibus nonnunquam constat esse probatum),
a malignis spiritibus statim arripitur et nocte tota tanquam
gravibus poenis cruciatur tot tantisque ac ineffabilibus ignis
et aquae variique generis tormentis incessanter affligitur, ut
mane facto vel minime spiritus reliquiae misero in corpore
reperiantur. Haec, ut asserunt, tormenta siquis ex iniuncta
poenitentia sustinuerit, et infernales poenas (nisi graviora
commiserit) non subibit. Hic autem locus Purgatorium Patricii ab incolis vocatur. De infernalibus namque reproborum
poenis, de vera post mortem perpetuaque electorum gloria vir
sanctus cum gente incredula dum disputasset, ut tanta, tam in-
usitata, tam inopinabilis rerum novitas rudibus infidelium
animis occultata fide certius imprimeretur, efficaci orationum
instantia magnam et admirabilem utriusque rei notitiam durae-
que cervicis populo perutilem meruit in terris obtinere.

Giraldus verdient keineswegs den Vorwurf, mit zu grosser
Kritik bei der Zusammenstellung seiner Schrift zu Werke gegangen zu sein, er wird vielmehr als sehr leichtgläubiger
Schriftsteller und sehr eifriger Sammler hingestellt; wichtig für
die Beurteilung der betreffenden Stelle bei ihm ist der Umstand, dass er selbst in Irland war, und wenn er auch die
Höhle an Ort und Stelle nicht in Augenschein nehmen konnte,
da ja Ulster zu jener Zeit noch keineswegs erobert war, so
darf man ihn doch für gut unterrichtet in den Schilderungen
denkwürdiger Orte halten. Ihn hat derselbe Vorwurf absicht-
licher Auslassung wie den Jocelin getroffen, doch muss auf
ihn dieselbe Entschuldigung angewandt werden; das herbe
Urteil Colgans [1]) über ihn können wir nicht unterschreiben,
ebenso wenig das ähnlich lautende der Bollandisten; die bei
den letztern daneben sich befindende Berichtigung, dass nicht
eine, sondern mehrere Inseln sich im Roten See befanden, ist
für uns interessanter. Uns gewährt die Erwähnung des Höhlen-
purgatoriums bei Giraldus die Gewissheit, dass in der
Mitte der achtziger Jahre des 12. Jahrhunderts der Glaube

---

[1]) p. 286: tamen sua effreni carpendi libidine et scribendi inconstan-
tia in hac relatione, uti in aliis solet, maculavit suam fidem plura aliis
et sibi contraria effutiendo.

an das Purgatorium des heiligen Patricius mit der Höhle in
Zusammenhang gebracht war, und dass um jene Zeit bereits
Besuche der Purgatoriumshöhle zur Busse unternommen
wurden. Wenn man die Reihe der Schriftsteller, die über das Purgatorium geschrieben oder dasselbe erwähnt haben, mustert, so
ist nach Jocelin und Giraldus Cambrensis der älteste Johannes
Brampton[1]) oder Brompton (seine Chronik endet 1198); er beruft sich unzweifelhaft bereits auf unsere Legende (sicut in
libro, qui intitulatur Purgatorium Patricii, satis plane habetur),
woraus wir ersehen, dass sie vor dieser Zeit geschrieben war:
auf ihn werden wir also erst nach Betrachtung der Legende
zurückkommen.

Bevor wir nun die Vorgeschichte unserer Legende ab-
schliessen und zur Untersuchung über ihre Abfassungszeit übergehen, muss noch nachgetragen werden, was über die Lage des
Fegefeuers im allgemeinen und über die bei Giraldus ausführlich beschriebene Höhle sonst noch überliefert ist.

Inbetreff der Lage des Purgatoriums in der mittelalterlichen Vorstellung verweise ich auf Wright St. Patrick's Purg.
S. 79—103 und auf die geringe Ergänzung zu dem Auszuge
aus Wright bei Philomneste[2]), da meine eigenen Untersuchungen
bisher ein wesentlich neues Ergebnis nicht geliefert haben.
Man dachte sich das Purgatorium zuweilen in der Luft,

---

[1]) Weshalb Wright St. Patrick's Purg. S. 133 John of Bromton ans
Ende des 13. Jahrhds. setzt, ist nicht zu ersehen, da letzterer ans Ende
des 12. gehört und von Wright selbst (Biogr. Brit. litt. II 412) 1193 als
Abt von Jervaux aufgeführt wird. Dass der gleich zu erwähnende Philomneste denselben Irrtum begeht und sogar Heinrich von Knighton auch als
Schriftsteller des 13. Jahrhds. hinstellt, ist nach der Erwähnung bei Wright,
die er als Vorbild hatte, nicht zu verwundern: Philomneste hat nach
eigenem Geständnis Wrights Buch „consulté avec profit." Es mag übrigens
hier erwähnt werden, dass Chevalier in seinem Répertoire Brampton ins
15. Jahrh. verweist, dass seine Chronik einer früheren Zeit angehört oder
nach einer bedeutend älteren Vorlage geschrieben wurde, wird allseitig
anerkannt. Nach dem Schlussjahre 1198 durfte sie hier als nächstes Denk-
mal angeführt werden.

[2]) Le Voyage du Puys Sainct Patrix; réimpression textuelle, aug-
mentée d'une notice bibliographique, par Philomneste Junior Genève 1867,
S. 48—50.

zwischen Himmel und Erde schwebend, zumeist jedoch
unter der Oberfläche der Erde, aber auch einsame Stellen
auf der Erde werden als Purgatorien erwähnt.[1]) Der
Eingang zum Purgatorium wird oft in vulkanische Gegen-
den gelegt, daneben auch in schwer zugängliche Höhlen; so
konnte auch die Höhle auf der Insel im Lough Derg recht gut
als Eingang zur Unterwelt von dem abergläubischen Volke
angesehen werden. Ein anderes Moment kommt noch zur
Hülfe: die allgemeine Meinung suchte den Eingang zur Hölle
im Nordwesten oder Norden, das Purgatorium dürfte, gewisser-
massen als Vorsaal zur Hölle, somit im Westen anzusetzen
sein; Irland als westlichste Insel Europas einmal, dann aber
auch als Heimat und Gegenstand der grössten Heiligkeit (insula sanctorum) und des Hand in Hand damit gehenden ärgsten
Aberglaubens war würdig und ganz besonders geeignet, das
Purgatorium in seinen Grenzen zu besitzen.

Und nun zur Patricius-Höhle selbst! Schon bei der Betrachtung der Gegend und näheren Umgebung durchrieselt
uns, noch ehe wir das Heiligtum selbst betreten, ein heiliger
Schauer. Es ist zunächst das Königreich Ulster, das sagenhaft
seinen Namen von Odysseus, der bei seinen Irrfahrten an die
ungastliche Küste der Insel verschlagen wurde, ableitet (Ulissis-
terra = Ulster). Hier in Ulster, dem Oberkönigreiche und dem
Lande des obersten Bischofs der Insel, ist es wieder der Westen,
das Lieblingsland des Patricius, der feste Turm des Irentums
bei der Eroberung der Engländer, die Vorburg religiöser

---

[1]) So bei Cäsar Heisterbach († 1240): Quantum ex variis colligitur
visionibus, in diversis locis huius mundi (scl. est purgatorium). Paschasius
teste Gregorio in calore thermarum purgabatur; monachus quidam Sancti
Eucharii in rupe quadam iuxta Treverim post mortem anno integro stetisse
et aeris inclementiam ibidem sustinuisse narratur. Qui vero de purgatorio
dubitat, Scociam pergat, purgatorium Patricii intret et de purgatoriis
poenis amplius non dubitabit.

Mit Scocia ist Hibernia, das früher mit dem jetzigen Schottland zusammen so genannt wurde, gemeint: der Name Hibernia — schon früher
einmal für Irland üblich - wird bereits an der Grenze des 10. u. 11. Jahrhunderts wieder gefunden, doch scheint Scotia daneben noch länger in
Gebrauch gewesen zu sein. Skene a. a. O. S. 441 bestimmt allein nach dem
Gebrauche des Namens Hibernia das Alter einiger Viten bei Colgan,
mit Unrecht, dünkt mich.

Schwärmerei und Ausschweifung bei der versuchten Einführung
der Reformation. Die Umgebung des Sees, aus dem sich die
Insel mit dem Purgatorium heraushebt, schliesst sich als passen-
der Rahmen um das graue Bild; eine wilde, unwirtliche, mit
dichten Wäldern und düstern Hainen besetzte, durch die um-
gebenden Sümpfe und die steilen, abschüssigen Felsen fast
unnahbare Gegend[1]) im Süden ·Donegals, südöstlich von der
Hauptstadt gleichen Namens, nahe den Grenzen von Tyrone
und Fermanagh, umgibt die Derg, die sich hier zu einem
kleinen See erweitert.[2]) Die Ortschaften und Berge um den
See tragen sämtlich Namen, die an das graue Heidentum und
die hier ihr Wesen treibenden Zauberer Tuatha da dannan er-
innern, wie Rugho - Cruach, Cruach-Brioct, Sceirgearg oder Gea-
rog, der Berg der Zauberer, der Fels des Schicksals.[3]) Später-
hin wurden die Felsen für Knochen einer riesigen Schlange
angesehen.[4])

Der See selbst ist nicht minder üppig als seine Umgebung
von den ·Gewinden der Sage umrankt; sein Name „Lough
Derg" oder „Roter See" gemahnt an das Blut eines Drachen,
den Fingal am Ufer erlegte.[4]) Mehr als alle anderen Sagen
hat diesen See und die eine der in ihm liegenden Inseln unsere
Legende bekannt gemacht. Die Inseln weisen noch jetzt als
Spuren einstigen Ruhmes Ruinen von Klöstern auf, die eine,

---

1) Dodsley's Collection of Old Plays I. p. 59 (1825): This place
which was ·much frequented by pilgrims, was situate on a lake called Logh
Derg. It was surrounded with wild and barren mountains and was almost
inaccessible by horsemen even in summer time, on account of great bogs,
rocks and precipices which environed it. The popular tradition concerning
it, is as ridiculous as is to be found in any legend of the Romish mar-
tyrology. Vgl. auch die folgende Anmerkung über Camden.

2) Über die Örtlichkeit bringen die Bollandisten a. a. O. p. 587, 33
folgendes: In occidentali Ultonia, quae priscis Tirconallia, hodie Done-
gallensis comitatus est, haud procul ab Ernaeo lacu minor alius est, quem
efficit vix e fontibus emersus Liffer (ita eum Cambdenus nominat, quam
Derget Mercator) eo nunc nomine celeberrimus, quod in eo dicatur fuisse
S. Patricii purgatorium. In Camdens Britannia vom Jahre 1586 konnte
ich nichts vom Liffer finden.

3) Ersch und Gruber.

4) Wright St. Patrick's Purgatory S. 1 — 4.

Reglis oder auch Insel des Patricius genannt,[1]) ist es, die das
Kloster gleichen Namens trug, in dessen Nähe der Eingang
zu jener schaurigen Höhle war, welche die ganze römische
Christenheit mehr als einmal in Aufregung und Bewegung
setzte, zu der Jahrhunderte hindurch jahrein jahraus gläubigen
Herzens Wallfahrer aus allen Teilen Europas, um ihre Sünden
zu büssen, in grosser Menge zogen. Diese Insel war wie ge-
schaffen zu einem abenteuerlichen Fabellande, und so ist es
nicht zu verwundern, dass auf ihr gar viel des Wunderbaren
sich zugetragen haben soll. Alexander Neckham [2]) spricht von
einem Purgatorium Brandans, das sich hierselbst befunden hat,[3])
doch scheinen die Zeilen einen Irrtum in der Persönlichkeit
zu enthalten; wahrscheinlich ist Patricius und Brandan von
ihm verwechselt worden,[4]) und die Stelle beweist weiter nichts,

---

[1]) Camden Britannia, Hibernia p. 516: Vix XV. ab hoc (sc. Erno
lacus) miliaribus ad Arctum, qua via continuis silvis fere inexplicabilis
ducit, alter ab est lacus, in quo insula eminet,et in ea ad monasteriolum specus
obversantium nescio quorum spectrorum terrore et horrendis visis decan-
tatus, quem aliqui Ulissem effodisse ridicule somniant, cum inferos aflaretur.
Incolis hodie Ellan u' frugadory, id est, insula purgatorii, et Patricii
Purgatorium nominatur .... Ceterum cum Reglis hic locus in Patricii
vita nominetur Regiam alteram fuisse quam Ptolemaeus memorat, iudi-
carim, et suffragatur ipse apud Geographum situs. Die Berge zwischen
beiden Seen hiessen Montes S. Patricii Mercator zufolge; vgl. S. 25 Anm.
[2]) Geboren zu St. Albans, studierte in England, Frankreich und Italien,
wurde, nach England zurückgekehrt, Canonicus regularis St. Augustini zu
Exeter und war nachher daselbst Abt von 1215 bis zu seinem Tode, der
1226 oder 1227 ihn auf einer Reise erreilte.
[3]) Camden a. a. O. p. 516: Praeter hoc Patricii etiam aliud in hac
insula Brendani Purgatorium fuit, sed cum locum non invenerim, accipe,
quod solum inveni, Nechami de illo tetrastichon:
    Asserit esse locum solennis fama dicatum
    Brandano, quo lux lucida saepe micat,
    Purgandas animas datur hic transire per ignes,
    Ut dignae facie iudicis esse queant.
[4]) Wäre dies nicht der Fall, so würden Neckhams Verse eine Notiz
illustrieren, für die ich sonst weiter keine Beweise finden kann; in der
Übersetzung der Werke Rabelais' von Regis (Leipzig 1839) steht Bd. II.
Teil I. zu S. 11 folgende Bemerkung: Ad voc. „Patrick's heilig Loch."
S. Apologie par Herodote, Tome III p. 305: „le purgatoire, le lieu duquel
on nommait le trou de S. Patrice," et le vulgaire disait le trou de S. Patri.

als dass auch zu ihm bereits das Gerücht von dem Purgatorium oder der Legende Heinrichs von Saltrey gedrungen war.

Die Höhle soll – entgegen dem Berichte unserer Legende — von keinem geringeren als Odysseus[1]) angelegt sein; in ihr soll er zu der Unterwelt hinabgestiegen sein, wie Merlin bei einem in Gesellschaft des Königs Artus[2]) daselbst unternommenen Besuche herausfand. Neuere Untersuchungen haben dagegen ihren Ursprung in das dunkle keltische Heidentum[3]) verlegt: die schon zuvor erwähnten Zauberer Tuatha da dannan, die · vorzüglich in Tyrconnel hausten, sollen auf der Insel im Lough Derg ein Orakel errichtet haben, die letzterm besonders gewidmete Höhle hiess uamh Treibh - O'in, Höhle des Stammes O'in.

Über die Vorgeschichte des Ortes[4]) dürfte sich wenig

---

[1]) Wright St. Patr. Purg. S. 62—64 entnimmt dies dem Buche des Stephanus Forcatulus De Gallorum imperio et philosophia Lugd. 1595 p. 1007.

[2]) Der Besuch des Königs Artus scheint Roquefort in der Einleitung zum Purgatoire der Marie de France verleitet zu haben, in unserm Helden Oengus oder Owein den Helden des Artusromans Iwein zu sehen. Von diesem, dem Löwenritter spricht, ohne dabei des Purgatoriums zu gedenken, Ritson in seinen Ancient Engleish Metrical Romancees, auf den sich Roquefort anscheinend bezieht. Roquefort vergisst, dass Owein ein in Irland sehr gewöhnlicher Name ist; die Namensform Ywaine aber auf Owein oder ·Oengus zurückzuführen, ist durchaus berechtigt.

[3]) Ersch und Gruber.

[4]) Bei der Benennung des Ortes begegnen wir in den verschiedenen Berichten auffallender Unklarheit oder Unbestimmtheit: neben Reglis und Purgatorium oder Insel St. Patricii kommt auch St. Patricii allein vor, Staunton (1409) setzt St. Matthaei. Es wird von einer Kirche, Priorei, Abtei, einem Oratorium und Kloster als Hüter des Purgatoriums gesprochen, wahrscheinlich hat die ursprüngliche Kapelle alle diese Wandlungen bis zum Kloster hinauf erfahren. Eine andere Unklarheit herrscht über das Bistum, zu dem das Purgatorium gehörte: Staunton führt Clogher, Raimon de Perilhos (1397) Armagh an, während sonst zumeist darüber geschwiegen wird; es ist sehr wahrscheinlich, dass der Besitzstand der Bischöfe öfter wechselte. Auch die Stadt, in deren Nähe das Purgatorium lag, ist verschieden benannt: Raimon z. B. spricht von der Stadt Processio (der Name kann nicht auffallen, wenn es sich um einen von Mönchen gegründeten Platz handelt), während im Fortunatus (Mitte des 15. Jhds.) die Stadt Vernic, zwei Tagereisen von Valdric entfernt, erwähnt wird.

sicher stellen lassen, da die Höhle, wie wir später sehen werden,
zu verschiedenen Malen Veränderungen erlitt und das Purgatorium an eine andere Stelle auf der Insel verlegt wurde.
Jedenfalls war die Höhle mit abergläubischem Auge schon
lange betrachtet worden, ehe sich mit ihr der Glaube ans Purgatorium des h. Patricius verband. Dass das Kloster Reglis
nicht zu den von Patricius gegründeten gehörte, ist bereits
gesagt worden; wann es gestiftet wurde, ist unbekannt, doch
muss es vor Ende des 12. Jhds. geschehen sein. Als sicher
dürfen wir annehmen, dass die Höhle bereits um die Zeit der
Eroberung Irlands als Purgatorium existierte, und dass, durch
den Ruf desselben angelockt, die Canonici regulares St. Augustini, welche mit den damals in Blüte stehenden Benediktinern
und Cisterciensern, um das irische Mönchstum zu regenerieren,
nach der Eroberung nach Irland kamen, das Kloster Reglis in
Besitz nahmen.[1) Man darf billig vermuten, dass auf ihren
Wunsch und ihr Betreiben die Legende vom Purgatorium geschrieben wurde. Jedenfalls haben sie und mit ihnen die
Benediktiner nebst Cisterciensern aus leicht begreiflichen Gründen
sich um jener Verbreitung sehr verdient gemacht; hatten doch
diese beiden Orden ein besonderes Interesse daran, da sie
den Patricius als einen der ihrigen in Anspruch nahmen und
somit mit der Verherrlichung dieses Heiligen recht eigentlich
pro domo wirkten.

Das Purgatorium selbst wird als eine unterirdische ge-
räumige Felsenhöhle geschildert, in der man sich in verschiedenen
Richtungen bewegen konnte; nach andern Berichten ist es eine
senkrechte, mit Wasser gefüllte Schlucht, dort antrum, hier
fossa oder puteus (puys, pozzo) genannt. Das Epitheton
„rotundus" weist mehr auf die Schlucht, und dem entspricht auch
die Sage von der Entstehung in unserer Legende, da Patricius

---

1) Acta Sanct. Boll. a. a. O. p. 587, 35: Huius rei fama canonicos
regulares S. Augustini paullo ante feliciter plantatos propagatosque in
Anglia et una cum Benedictini ac Cisterciensis ordinum monachis in
Hiberniam circa finem saeculi XII. traductos ab illius insulae victoribus
Anglis videtur permovisse, ut monasterium Reglis in altera eiusdem lacus
insula situm, in quo pristina omnis disciplina iam diffluxerat, sibi deposcerent.
Nec difficulter impetravisse credimus, quamvis illius fundationis sive dona-
tionis nulla adhuc viderimus instrumenta.

von Gott die Aufforderung erhielt, mit seinem Stabe einen Kreis
zu ziehen, und in diesem Kreise die Erde sich öffnete. Ein
holländischer Mönch, der 1494 das Purgatorium besuchte,
wurde an einem Seile zu einem See hinabgelassen; von Fortunatus wird dagegen erzählt, dass er bei seinem Besuche des
Purgatoriums in demselben sich verirrte und durch einen Alten,
der allein genau in der Höhle Bescheid wusste, aus derselben
befreit wurde, und Giraldus Cambrensis spricht gar von neun
Gruben[1]) des Purgatoriums. Diese Auffassungen lassen sich
dahin vereinigen, dass den Eingang zur Höhle ein tiefes rundes
Loch bildete und diese selbst erst tiefer unter der Erde sich
nach verschiedenen Richtungen auszudehnen begann.

Bei dem Besuche des Königs Artus in der Höhle wird
eine daselbst befindliche Quelle, die Schwefelgeruch verbreitete,
erwähnt; etwas Ähnliches berichtet Froissart (1337—1401) nach
der Erzählung Sir William Lisle's[2]); letzterer, der die Höhle
Keller nennt und auf Stufen hinunterstieg, wurde beim Herab-
steigen von heissen, ihm entgegenwallenden Dämpfen betäubt,
sodass er in einer Anwandlung von Ohnmacht sich niedersetzte
und alsbald in langen und tiefen Schlaf verfiel; seinem Genossen
widerfuhr dasselbe. Sollten diese beiden Angaben auf Wahrheit beruhen — Forcatulus erscheint allerdings in der Beschreibung der Höhle glaubwürdig, und dasselbe gilt von der
Erzählung Sir William Lisle's —, so könnte man sich leicht
erklären, dass in früheren Jahrhunderten auf dem Grunde der
Höhle ein Feuerpfuhl und schliesslich der Ort des Fegefeuers
mit seinen Feuer- und Wasserstrafen nicht bloss vermutet,
sondern auch geglaubt wurde.

Zum Schlusse der Vorbetrachtungen mag noch erwähnt
werden, dass schon im 12. Jhd. Zweifel laut und später er-
neuert wurden[3]), ob dieses Purgatorium S. Patricii seinen Namen

---

[1]) Dies wird bei den Bollandisten widerlegt, doch nicht mit zwingen-
den Gründen.

[2]) Sir William Lisle wird 1394, „als der König in Dublin war," dem
Purgatorium einen Besuch abgestattet haben. Seine Angaben sind schon
deswegen wahrscheinlich, weil er und sein Genosse keine Visionen hatten.

[3]) Johannes Brompton, Ranulphus Cestrensis, und von diesem entlehn-
te Henricus Knighton.

von dem grossen oder von einem andern h. Patricius herzu-
leiten habe: nun ist allerdings eine ziemliche Auswahl Heiliger
dieses Namens vorhanden, auch entfallen davon einige auf Irland,
die doch nur gemeint sein könnten, so dass ein Zweifel wohl
möglich war (ein h. Patricius, im Gegensatz zum Landesapostel
als „dritter" bezeichnet, kommt noch in unserer Legende vor).
Doch ist dieser Zweifel jedenfalls auf einen Ausdruck im Wortlaute
unserer Legende gegründet, diese aber hat es nur zu thun, wie
aus den näheren Bezeichnungen deutlich hervorgeht[1]), mit dem
grossen Patricius, d. h. mit dem Apostel der Irländer.

Im Laufe unserer bisherigen Betrachtungen haben wir gesehen, dass die Beschreibung eines Besuches im Purgatorium,
obwohl ausdrücklich in unserer Legende erzählt wird, Patricius
habe Sorge getragen und die Weisung hinterlassen, dass alle
Berichte über den Besuch seines Purgatoriums aufgezeichnet
würden, von keinem Schriftsteller bis zum 12. Jhd. erwähnt
wird, wir müssen aber hinzufügen, dass bisher noch kein ein-
ziger solcher offizieller Berichte gefunden worden ist. Der

---

[1]) Hierüber geben Messingham in der Vorrede, Colgan in den An-
merkungen und die Bollandisten a. a. O. p. 588, N. 40 Aufschluss. Ich
setze Colgans Worte hierher: Hunc Patricium, qui „a primo secundus"
hic appellatur, fuisse S. Patricium Abbatem Ardmachanum, quem circa
annum 859 floruisse tradit, sentit Ranulphus Cestrensis in Polychronico: sed
perperam, cum nec abbas ille ab ullo legitur Magnus Patricius appellatus
nec Hiberniam, quae eius tempore tota erat Catholica et innumeris cele-
bratissimae sanctitatis viris abundabat, ab infidelitate poterat ad fidem
Christi convertere nec baculum illum „Baculum Jesu" appellatum a Salvatore
accepit. Conversionem vero Hiberniae omnes nostro apostolo Magno Patricio
tribuunt: et multi graves et pervetusti anthores scribunt „Baculum Jesu"
ipsi Salvatore traditum fuisse. Sed quare, inquis, noster Magnus Patricius
vocatur hic „a primo secundus"? Respondeo una vel altera ratione ita vi-
deri appellatum. Vixit enim multis annis post S. Patricium cognomento
„Seniorem," quem Quatuor Magistri in Annalibus tradunt anno 457 obi-
isse .... Vixit etiam longe pluribus annis post S. Palladium, anno 431
mortuum, qui et Patricius legitur appellatus, et cuius respectu noster apo-
stolus aliquando legitur Patricius secundus vocatus, ut tradit S. Tirecha-
nus .... Item in antiquo canonum libro, qui extat Londini in Bibl. Cot-
ton., citantur „libri Patricii secundi episcopi", quos certum est non alios
esse quam libros . . . nostri Magni Patricii . . . Unde cum hos autho-
res forte legisset Henricus Salteriensis, inde potuit nostrum apostolum
vocare Magnum Patricium, qui a primo secundus fuit.

3 *

erste Bericht überhaupt, der erwähnt wird, ist eben unsere Legende, und sie verdankt ihre Aufzeichnung einem Zufalle. Der Verfasser hatte die Geschichte — so giebt er selbst an — sehr oft von einem gewissen Gilbert von Luda erzählen hören, einmal in Gegenwart des Abtes de Sartis und schrieb sie, einer Bitte des letztern entsprechend, in der Form eines an jenen gerichteten Briefes nieder. Gilbert von Luda hatte die Erzählung von dem Helden selbst gehört; als er nämlich vom Abte Gervasius von Luda nach Irland geschickt war, um dort ein Kloster, zu dem der König das Land versprochen hatte, zu gründen, war ihm wegen seiner Unkenntnis der irischen Sprache vom Könige der Ritter Oengus als Dolmetscher gegeben worden: dieser Oengus war zu Zeiten König Stephans zum Purgatorium hinabgestiegen, um von der ihn drückenden Sündenlast frei zu werden.

Wie hieraus hervorgeht, teilen sich drei Personen in den Ruhm der Urheberschaft, indessen fällt der Hauptanteil dem Schriftsteller zu, da er die Erlebnisse des Helden in der Erzählung des Gilbert durch Niederschreiben der Vergessenheit entriss; ihm allein verdanken wir die Grundlage zu dem unter dem Namen „Purgatorium des h. Patricius" bekannt gewordenen und in den verschiedensten europäischen Sprachen behandelten litterarischen Erzeugnis.

Man hat zwar auch von Gilbert behauptet, er habe die Erzählung aufgezeichnet, doch führt keine einzige der uns erhaltenen Handschriften ihn als Verfasser auf. Nachdem bereits in früheren Jahrhunderten diese aufgetauchte Mutmassung[1]) widerlegt worden war, begegnen wir ihr in diesem Jahrhundert bei Duffus Hardy[2]), der unter Nr. 229 Purgatorium S. Patricii,

---

[1]) Colgan a. a. O. p. 281 (Anm. 11): ab aliis passim Girbertus et Gillebertus vocatur, ipsumque scripsisse de Purgatorio S. Patricii seu visionem Oeni refert Jacobus Waraeus [James Ware 1594—1666] de scriptor. Hibern. lib. II. cap.) I. dicens: Gilbertus, is descripsit visionem Oeni in Purg. S. Patricii, ut e Wendovero liquet. Huius autem (inquit Rogerus Wendoverus) monachi (nempe Gilberti) industria et diligentia huius militis. experientia redacta est in scripturam. Vixit anno 1152.

[2]) Thomas Duffus Hardy, Descriptive Catalogue of Materials relating to the History of Great Britain and Ireland to the End of the Reign of Henry VII. Lond. 1858. 8°.

narrante Gilberto monacho Ludensi, post abbate de Basinge-
wereck in Anglia Ms. Barberini 270 aufführt. Woher er diese
Nachricht entnommen, giebt er nicht an, doch scheint er einige
Worte Greiths[1]), der diese Handschrift beschreibt, missverstanden
und darauf seine Ansicht gegründet zu haben. Dass man den
Gilbert für den Verfasser gehalten hat, beruhte ebenfalls auf
einem Missverständnis entweder Rogers von Wendover, wie
die erste Anmerkung auf S. 36 zeigt,[2]) oder zweier Worte im
Texte der Legende. Der eigentliche Verfasser geht nämlich
bei seinem Werke sehr vorsichtig zu Werke: nach der üblichen
Captatio benevolentiae giebt er eine kurze Übersicht der Dämonen-
lehre, beginnt dann den Bericht des Oengus, wie er ihn von
Gilbert gehört hat, und schliesst ihn mit den Worten „hucusque
Gilbertus." Hieraus scheint man entnommen zu haben, dass
Gilbert schriftlich die Erzählung überliefert habe, während in
der That dies nur mündlich geschehen war.

Eines anderen Missverständnisses Opfer ist Roquefort[3]) geworden; er kennt drei Bearbeiter: 1) un moine nommé Henri,
2) le moine de Saltrey qui fit hommage de son travail à l'abbé
de son (!) monastère, 3) Jocelin, moine de l'ordre de Citeaux,
dans le duché de Lancastre. Die beiden ersten sind identisch,
und Jocelins Verdienst um den h. Patricius besteht in der
Lebensbeschreibung.

Es steht somit fest, dass es der Mönch von Saltrey war,
der den ersten Bericht über einen Besuch in dem Purgatorium
geschrieben hat.

So leicht wie die Frage nach dem Verfasser lassen sich
die nach seinen näheren Lebensumständen und nach der Zeit

---

[1]) Spicilegium Vaticanum. Beiträge zur näheren Kenntnis der Vatic.
Bibliothek (Frauenfeld 1888) P. III. p. 113 Nr. LXXXIII.

[2]) Wright Biographia Britannica litteraria (2 Bde 1842—46) II. 321
scheint ebenfalls Wendovers Worte falsch zu erklären.

[3]) Poésies de Marie de France, par B. de Roquefort Bd. II. (Paris 1820)
S. 408 Notice sur le Purg. de S.-Patrice. Prosper Tarbé, Purgatoire de
Saint Patrice; legende du XIIIe siècle, réimpression Reims 1842 hält eben-
falls Jocelin für den Verf. der Leg. Aus Roquefort hat dieselbe falsche
Angabe nebst anderen entlehnt Marquis de Castellane, Voyage au Purg.
de S. Patrice in Mém. de la Soc. Archéol. du Midi I. (Toulouse 1882) S. 51.

der Abfassung seines Werkes nicht entscheiden. Der Verfasser bezeichnet sich selbst in der Anrede seines Briefes „Fr. H. monachorum de Saltereia minimus": hieraus ersehen wir, dass er Mönch des Cistercienserklosters Saltrey[1]) war. Dass er dem Cistercienserorden angehörte, könnte man aus seinem Buche selbst schliessen, da Oengus die Cistercienser als im Himmel hoch angesehene Mönche schildert. Das Kloster Saltrey lag in Huntingdonshire[2]) und gehörte wie die ganze Grafschaft zum Bistum Lincoln (gegründet 1067). Wann das Kloster gestiftet wurde, steht nicht fest; Manriquez[3]) gibt 1147 an, dasselbe thut Vischius,[4]) doch ist die Erwähnung bei letzterem mindestens zweifelhaft.

Der Name des Mönchs ist keineswegs sicher Heinrich; die Handschriften zeigen immer nur das H., das von allen Erklärern als Abkürzung für Henricus nach Matthaeus Paris' Vorgange angesehen wird. Wir wollen die Bezeichnung Heinrich von Saltrey, da sie bislang üblich war, beibehalten, doch sei erwähnt, dass Thom. Tanner[5]) den Namen Hugo erwähnt, wenn er sagt: tractatus huius codex ms. bis aut ter extat in bibliotheca monasterii de Sion: in cuius catalogo ms. C. C. C. Cantabr. O. 16 semper ascribitur Hugoni de Saltercia.

Die Nachrichten, die wir über Heinrichs Leben bei älteren Biographen — die neueren haben aus jenen entlehnt oder erwähnen ihn überhaupt nicht — finden, mögen, da auch in der

---

[1]) Ich behalte die übliche Schreibweise bei; es kommt neben vielen lat. unter einander abweichenden Formen Saltrei, Saultrey, Sowtrey vor.

[2]) Camden a. a. O. Huntingdonshire S. 282—283: Utque hoc monasterium (sc. Ramsey) orientalem agri partem exornavit, sic mediam Saultrey, a Simone de Sancto Lizio Huntingdoniae comite constructum, et orientale (soll wohl heissen occidentale) latus Kinnibantum castrum, nunc Kimbolton, ... condecorat. Es hat drei Grafen von Huntingdon, namens Simon de S. Lizio, von 1075 - 1103, 1134—1152 und 1174—1199 gegeben; wer von ihnen des Klosters Gründer war, habe ich nicht finden können.

[3]) Annales Cistercienses. Lyons 1642. 4 Bde.

[4]) De Visch Bibliotheca scriptorum sacri ordinis Cisterciensis Col. Agrip. 1656. Ich habe nur gefunden p. 370 Salleya in Anglia, dioceses Eboracensis (York) 1147 Calendis Jan. gestiftet.

[5]) Bibliotheca Britannico-Hibernica Londini 1748, p. 397.

neuesten Zeit auf sie zurückgegangen ist, hier so vollständig
als möglich stehen:

John Leland († 1552) Commentarii de scriptoribus Britann.
Oxon. 1709 2 Bde. erwähnt ihn nicht.

Joannes Pitseus De scriptoribus Angliae erwähnt ihn
num. 101 (nach Colgan):

Henricus Salteriensis caenobii monachus Anglus, ordinis
Cistcrciensis. Hic in Huntingdonensi comitatu natus et ibidem
ab ipsis teneris unguiculis sub optima disciplina educatus, partim in suo monasterio, partim a Florentiano, Hibernorum episcopo, et a Gilberto de Luda, Cisterciensium monachorum
abbate, bonas litteras et optima vivendi praecepta didicit etc.
Scripsit ad Henricum abbatem de Sartis super Purgat. S. Patr.
librum unum, de poenis purgatorii librum unum, qui incipit
„Patri suo in Christo praeoptato etc. Jussisti, pater venerande
etc." Claruit anno gratiae 1140. Colgan fügt hinzu: Haec ille;
ubi perperam Prologum eius operis facit „librum unum"
ipsumque opus seu narrationem de Purg. librum alterum, ut
patet ex ipsius Prologi et narrationis initiis.

John Bale (Baleus, 1495--1563, Bischof von Ossory) sagt
in Scriptorum illustrium maioris Brytanniae catalogus (Basileae
1557), p. 189:

Henricus Saltereyensis, eiusdem caenobii Benedictinus monachus in Huntyngtonensi comitatu et natus et educatus, ab
ipsis fere incunabilis totus superstitioni dedictus fuit. Post sui
Benedicti professionem Aristotelicas inventiones edoctus chimae-
ram fabricare ex ipsis ideis Platonis affabre novit. Purgatorii
fulciendi gratia ingeniosus artifex factus, Gregorii Magni dialo-
gorum quatuor libros quatuor evangeliorum loco tenuit, Aetnae
flammiferi montis adiutus incendio. .De ipso tamen scribitur
quod fuerit cuiusdam Florentiani Hibernorum episcopi imposturis
delusus atque Gilberti de Luda (o sancta societas), abbatis
Cisterciensium instituti, praestigiis deceptus. Nihilominus ut de
tam sancti pectoris thesauro aliquid demum proferrem, scripsit
ad Henricum, abbatem de Sartis, super purgatorio Patricii, de
poenis purgatorii et alia quaedam. Claruit Henricus' eo tempore, quo Tundalus in Hibernia Carthusianus, a purgatorio
suscitatus, ad suos redierat, visiones enarrans, anno scilicet a
Christi incarnatione 1140, sub rege Stephano.

40

James Ussher (Usserius, 1580—1656, Bischof von Armagh) spricht über ihn in Ecclesiarum Britannicarum primordia p. 897 (nach Colgan):

Quae vero de Patricii feruntur Purgatorio, non modum Ranulphus Cestrensis, Henricus Knighton et Joannes Brampton, sed etiam Mattheus Parisiensis, Vincentius Bellovacensis et Antonius Florentinus ex eo mutuati sunt libello, quem de Oeni cuiusdam militis Hibernici in Patricinum Purgatorium ingressu ex Gilleberti Ludensis monachi relatione in lucem edidit Henricus, Cisterciensis ordinis in Saltereiensi apud Huntingdonenses monasterio caenobita.

Carolus de Visch (Vischius) a. a. O. p. 145 hat aus Pitseus entlehnt, gebraucht dieselben Worte und fährt nach „didicit" fort:

Ipse etiam iam edoctus alios docere solebat timorem Domini initium esse sapientiae. Et quia videbat homines plerumque magis timore poenae quam virtutis amore a vitiis deterreri, populo itidem inculcare solebat nihil inquinatum intrare posse in regnum coelorum atque adeo omni peccato debitam esse suam poenam et prius secundum divinam iustitiam satisfaciendum pro delictis vel in hoc saeculo bene faciendo vel in purgando, patiendo supplicia, quam cuipiam, qui aliquando peccati macula contraxit, pateat aditus in aeternum caelestis beatitudinis refrigerium. Unde et scripsit ad Henricum, abbatem de Sartis, de Purgat. etc. . . . Visiones insuper Oeni militis seu Ludovici Enii primus omnium scripto mandavit, ut prodit Manriquez ad annum 1154 cap. 5. De aliis ipsius scriptis nihil reperitur. Claruit (secundum Pitseum) anno gratiae 1140. Manriquez tamen ad annum 1147 tunc solum fundatum censet Salteriense monasterium, ideoque Henricum claruisse postea.

Thomas Tanner (1674—1735, Bischof von St. Asaph) bringt a. a. O. p. 397 ausser dem bereits erwähnten Hugo nur Bekanntes aus Leland, den er überhaupt ausschrieb.

Casimir Oudin (Oudinus) hat aus Vischius entlehnt, was das Persönliche anbetrifft; er schreibt im Commentarius de scriptoribus ecclesiasticis (Lipsiae 1722) vol. II. p. 1440:

Henricus Saltariensis coenobii monachus, ordinis Cisterciensis, natione Anglus vel Hibernus, a Florentiano,. Hibernorum episcopo, partim partimque a Gilberto de Ludo, monachorum Cisterciensium abbate, educatus iis postea seipsum in monasterio Saltariensi se obtulit, quod anno 1147 fundatum est, ut habet Mauriquez. Joannes Pitseus „de illustr. Brit. script." vult illum floruisse anno 1140, Stephano cum Mathilda de summa rerum in Anglia hostiliter contendente. Rectius tamen Mauriquez ad annum 1147 tunc fundatum censet Salteriense monasterium ideoque Henricum claruisse post annum 1150. Hic ingenio, ut opinor, simplex, fide promptus ac facilis modicusque iudicio mihi visus est in eo libro, quem ad Henricum, abbatem de Sartis scripsit de poenis purgatorii seu de Purg. S. Patr., opus, quod in mss. bibliotheci sabbatiarum Cisterciensis ordinis frequentissimum est. Incipit Prologus cum titulo „Patri suo etc.," quod in potissimis quoque Parisiensibus bibliothecis habetur. Prologum huius operis integrum et libri plura fragmenta hoc nostro saeculo edidit in Florilegio suo Hiberniae sanctorum Thom. Messinghamus Hibernus, sed integrum tandem opus ad multos codices mss. collatum evulgatum est, ut tradunt Bollandistae in S. Patricio, ubi de Purg. S. Patr. in Hibernia sermonem instituunt. Nec tractatus ille miserrimus merebatur, ut ad tot mss. codices evulgandus conferretur, ob authoris simplicitatem et absurditatem operis. Vixisse creditur Henricus Salter. usque ad annum 1180, de quo Carolus Vischius in Bibl. script. ord. Cisterc. pag. 145 cum aliis. Aus all den späteren Biographien erfahren wir nichts Neues; das wegwerfende Urteil des Oudinus hat Zedler in seinem Universal-Lexikon aufgenommen, wenn er „das gantze wiewohl elende Werck als nachgehends nach vielen MSc. übersehen und gedruckt" anführt. Fabricius [1]) bringt ebenfalls nichts Besonderes, und Migne wiederholt das bei Fabricius Gesagte in seiner Patrologia vol. 180. Wright beruft sich in St. Patrick's Purg. auf Bale, während er in der Biogr. Brit. litt. a. a. O. Heinrichs Leben um 1170 ansetzt, sonst aber nichts Wichtiges darüber zu berichten weiss. Am frühesten — 1130 — setzt der auch sonst sehr schlecht unterrichtete M!? de Castellane das Werk an.

---

[1]) Bibliotheca mediae et infimae Latinitatis edid. Mansi. Tom. III. 227) über das Purgatorium, wobei er die von Vischius fälschlich gesondert erwähnte Visio S. Oeni militis mit der Narratio Henrici richtig identifiziert. S. 675 giebt er als Jahr der Niederschrift 1150 an.

Alle diese Nachrichten enthalten für denjenigen, der Heinrichs Schrift kennt, nichts Neues: mit Ausnahme der massvollen Notizen bei Ussher sind es zumeist zu Lebensnachrichten aufgestutzte, durch Vermutungen erweiterte und übertriebene, weniger Scharfsinn als Leichtfertigkeit aufweisende Angaben, die aus der Legende selbst geschöpft sind, z. T. wie bei Bale mit gehässigen Auslassungen untermischt; die geringe Wahrheit, die wir bei Heinrich selbst finden, ist mit vieler Dichtung umwoben. Wir sind somit auf die Legende selbst angewiesen und können über ihn als unzweifelhaft bestimmt nur sagen, dass er Mönch von Saltrey[1]) und mit Gilbert von Luda, dem nachmaligen Abte von Basingwerk, sowie mit dem Abte de Sartis bekannt war.

Ehe wir zu seiner Lebenszeit übergehen, wollen wir auf seinen Charakter einen Blick werfen, wie er uns aus der Legende entgegentritt. Zu verschiedenen Malen ist der Verdacht ausgesprochen worden, Heinrich sei ein mit Phantasie begabter Betrüger, zum mindesten ein leichtgläubiger Gesell, der mit Schwindlern wie Gilbert von Luda und Florentian Verkehr unterhalten habe, gewesen; gegen diese Anklage muss ich den Verfasser der Legende in Schutz nehmen: gerade das Gegenteil leuchtet aus seinen Mitteilungen hervor. Dass er an Geister glaubt, können wir ihm als einem Kinde seiner Zeit nicht verübeln, doch bringt er selbst hierfür als Stützen seiner Ansicht Zitate aus dem h. Gregor und dem h. Augustin bei. Das Ausserordentliche und Neue in der Erzählung hat ihn an der Wahrheit des Gehörten gerade zweifeln lassen; das zeigt sich ganz deutlich in der Aufreihung der Argumente, das geht ausserdem hervor aus der Gewissenhaftigkeit, mit der er den Bericht nicht als den seinigen, sondern der Erzählung Gilberts folgend darstellt, die Zweifel der Zuhörer, die Entgegnung auf dieselben durch Gilbert werden genau angegeben. Mit dieser Berichtigung nicht zufrieden, — deutlicher kann die eigene Ungewissheit nicht dargestellt werden — fragt er hin und her, so oft ihm Gelegenheit wird, glaubwürdige Männer aus Irland zu sehen

---

[1]) Dass er bald ein Cistercienser, bald ein Benediktiner genannt wird, erklärt sich aus der Zugehörigkeit der Cistercienser zu dem Benediktinerorden.

und zu sprechen: er führt das Urteil zweier irischer Äbte an
und verhehlt nicht, dass der eine gar nichts von dem Purgatorium gehört habe, während der andere die Wahrheit bestätigt.
Das Ausserordentliche an der ganzen Erzählung ist für ihn,
dass die Höllenstrafen und Himmelsfreuden körperlich durch
den Ritter erfahren wurden; deswegen führt er die verschiedenen
Erzählungen, die in keinem näheren Zusammenhange mit dem
Purgatorium stehen, ausführlich genug an. Gilberts Aussage
von dem körperlichen Erlebnis des Ritters in der Unterwelt
war auf wohlberechtigte Zweifel seitens der Zuhörer gestossen;
Gilbert suchte dieselben zu entkräften, einmal mit der Ver-
sicherung, der Ritter habe ausdrücklich erklärt, nicht bloss
eine Vision gehabt zu haben, sondern körperlich bei den Seelen
gewesen zu sein, sodann mit einer Erzählung über einen seiner
Mönche, der ebenfalls von den Teufeln körperlich geplagt,
nämlich geschlagen wurde, und von dessen Wunden er sich
durch eigenen Anblick überzeugte. Es scheint dem Verfasser
schwer geworden zu sein, dem Wunsche des Abtes zu entsprechen, wegen der Zweifel in ihm selber, diese Zweifel werden
endlich überwunden durch den Bischof Florentian: in seinem
Bistum liegt nicht nur das Purgatorium, sondern er bestätigt ihm
die Wahrheit der Vision voll und ganz, weiss auch selbst noch
von leibhaftigem Teufelsspuk ein Geschichtchen zu erzählen
und wird dabei von einem seiner Kapläne würdig unterstützt.
Kein Wunder, dass Heinrich durch so gewaltige Autoritäten
endlich überzeugt wird und nunmehr der Bitte jenes Abtes
willfährt, zugleich mit der ausgesprochenen Hoffnung, dass er
damit vielleicht auch anderen Leuten einen Nutzen erweisen
und sie von schlechtem Wandel abbringen wird.

Heinrich war, als er sein Buch schrieb, kein jugendlicher
Mensch mehr; an einen solchen würde sich wohl kaum ein Abt
mit der Bitte um Aufzeichnung einer so seltsamen Schrift ge-
wandt haben. Das Werk trägt aber auch die Belesenheit und
kritische Prüfung eines gereiften Mannes zur Schau, wie
die Zitate und die Sorgfalt in der Bezeichnung der einzelnen
Abteilungen seines Buches beweisen. Es muss ausserdem be-
achtet werden, dass zwischen dem Zeitpunkt, da Heinrich die
Geschichte zum ersten Male hörte, und dem, da er sie nieder-
schrieb, eine ganze Reihe von Jahren liegen kann, ja liegen

muss. Gilbert erzählte, Heinrich hörte die Geschichte oft, einmal in Gegenwart des Abtes de Sartis, dann befragt er sich noch bei den irischen Äbten, darauf erhält er den Auftrag — mir will es sogar scheinen, als läge zwischen der Aufforderung seitens des Abtes und deren Erfüllung eine grössere Spanne Zeit --, und endlich hört er im Jahre der Niederschrift die Wahrheit des von ihm zu Berichtenden durch den Bischof bestätigt. Wir gehen demnach wohl kaum fehl, eins der reifen Mannesjahre, wenn nicht gar ein noch späteres Lebensjahr Heinrichs als Zeit der Abfassung anzunehmen. Verdächtig ist der Umstand, dass der Abt de Sartis mit der Bitte an ihn sich wendet; warum nicht an Gilbert? man darf wohl ohne grossen Scharfsinn daraus schliessen, dass Gilbert bereits tot war, und auch das würde die vorhin geäusserte Vermutung nur bestärken.

Da wir nun aber die Lebenszeit des Verfassers nicht kennen und hieraus somit das Jahr der Niederschrift nicht zu ermitteln vermögen, so müssen wir erst das letzte zu finden suchen, um in umgekehrter Reihenfolge daraus auf Heinrichs Zeit einen Schluss zu ziehen. Somit kommen wir zu der Frage: wann ist die Legende durch Heinrich aufgezeichnet worden? Die Untersuchung bleibt auf das 12. Jhd. beschränkt; dass nur in diesem Heinrichs Buch geschrieben ist, darüber sind alle Erklärer einig, und mit Recht, da der Besuch des Ritters Oengus im Purg. während der Regierung des Königs Stephan[1]) (1135 — 1154) stattfand und das Werk selbst im 12. Jhd. noch erwähnt wird, wir auch Handschriften besitzen, die unzweifelhaft noch diesem Jhd., wenn auch zumeist den letzten Jahren[2]) desselben angehören: in der näheren Zeitbestimmung im Rahmen dieses Jhds. stossen wir aber auf sehr geteilte Ansichten. Die früheren Jahrzehnten sich zuneigenden Bestimmungen sind zumeist durch eine doppelte Ungenauigkeit veranlasst: man hat

---

[1]) Prosper Tarbé wird durch die Form Estevenon irre geführt; er erkennt darin Snénon (Swen oder Swegen) und verlegt Oengus' Fahrt darum in den Anfang des 11. Jhds. Die Ableitung ist selbstverständlich unrichtig. Stephan wird in allen Handschriften erwähnt.

[2]) Auf die scheinbar älteren Handschriften wird später zurückzukommen sein.

den Bericht als dem Besuche sehr schnell folgend angenommen oder ist der Zeitbestimmung des Matthaeus Paris, der 1153 als Jahr des Besuches ansieht, gefolgt. Weisen aber die Handschriften schon rein äusserlich die Abfassung der Legende an das Ende des 12. Jhds., so stützen diese Annahme noch eine ganze Reihe äusserer Gründe, wie wir zunächst durch einen Blick auf jene Zeit finden werden. Der Kultus des h. Patricius war gerade um die Mitte der achtziger Jahre besonders stark; wir haben gesehen, dass Jocelin vom Bischof Thomas kurz zuvor beauftragt war, eine Lebensbeschreibung des h. Patricius zu verfassen. Wir wissen ferner, dass im Jahre 1185 die Reliquien des Heiligen, die man im Laufe der Irland aufreibenden und zerfleischenden Bürgerkriege gänzlich vergessen hatte, wieder aufgefunden wurden: sie wurden ausgegraben und am 9. Juni 1186 mit denen Columbas und Brigidas auf päpstliche Erlaubnis unter grossen Feierlichkeiten durch den damaligen Bischof zu Down, Malachias III.[1]) (1176 - 1201) in die Downer Kathedrale übergeführt und daselbst beigesetzt. In Dublin wurde die Kirche S. Patricii durch Bischof Johannes Comyn zu einer zweiten Kathedrale ausgebaut.

Waren die Erinnerung an und die Verehrung für Patricius in Irland neu erwacht und mächtig angeregt, so fanden diese einen Widerhall in England, dessen Blicke auf Irland, wenn auch aus anderen Gründen, gerichtet waren. König Heinrich war 1172 mehrere Monate in Irland gewesen, 1185 sandte er seinen zum Gouverneur des eroberten Landes bestimmten Lieblingssohn Johann Ohneland mit zahlreicher Gefolgschaft nach Irland: mit ihm zog Giraldus Cambrensis, des Prinzen früherer

---

[1]) Colgan zu Jocelinus Anm. 3 p. 109: Est hic (scil. Malachias Dunensis episcopus) longe diversus a Sancto Malachia, prius Dunensi, postea Ardmachensi episcopo, qui iuxta S. Bernardum in eius Vita et Usserum in Indice chronologico vixit anno 1148. Hic enim praefuit sedi Dunensi 1185: eiusque tempore et procuratione anno 1186 facta est translatio reliquiarum Sanctorum Patricii, Columbae et Brigidae, ut refert Usserus in Indice ad eundem dicens: Ad Urbanum III. pontificem a Malachia Dunensi episcopo et Joanne Curcio missa legatione per Vivianum cardinalem, nuntium pontificum, quinto Idus Junii, die S. Columbae, facta est translatio.

Erzieher. Er allein hat den Aufenthalt in Irland gut ausgenutzt, da er die Materialien zu seiner Topographie der Insel sammelte: unter grossem Beifalle konnte er zurückgekehrt in Oxford sein neues Werk vorlesen. Kein Zweifel, man beschäftigte sich in England während der achtziger Jahre sehr stark mit der Heiligen-, Profan- und Sittengeschichte der neuerworbenen Provinz. Wäre es unter solchen Umständen nicht sonderbar, wenn das Purgatorium, falls es in diesen Jahren schon geschrieben vorlag, die Aufmerksamkeit der Geschichtsschreiber nicht auf sich gezogen hätte und von diesen nicht erwähnt worden wäre! aber dies war gerade, wie wir bereits sahen, nicht der Fall, nicht einmal Spezialisten wie Jocelin (vor 1185) und Giraldus Cambrensis (1187) erwähnen es: beide, wie klar zu sehen ist, kennen unsere Legende nicht. Brompton ist der erste Geschichtsschreiber, der sie erwähnt: er schrieb Giralds Werk aus, setzte aber statt dessen Erzählung vom Purgatorium einen Bericht, der auf Oengus' Besuche, auf Heinrichs Erzählung beruht; von dieser Zeit an finden sich Berichte nur auf Grund unserer Legende und nebenbei poetische Bearbeitungen derselben.

Dass das Purgatorium ein ungeheures Aufsehen erregte, dafür spricht die grosse Menge der Handschriften und deren Verbreitung in vielerlei Sprachen über fast alle europäischen Länder. Es würde gesucht erscheinen anzunehmen, dass eine zu so grossem Aufsehen bestimmte Schrift erst eine Reihe von Jahren gelegen hätte, ehe sie bekannt wurde; der Abt de Sartis, der ein grosses Interesse an der Aufzeichnung zu haben schien, wird sicherlich, als er in den Besitz gelangte, das Buch nicht erst Jahrzehnte lang bei sich verschlossen gehalten, sondern für Vervielfältigung schleunigst Sorge getragen haben. Die Handschriften beginnen erst Ende des 12. und Anfang des 13. Jhds., da aber in einer gewaltigen Fülle.

Es kommt uns jedoch noch ein Beweisgrund zu Hülfe: das Purgatorium bei Marie de France Diese gerühmte Bearbeitung ist bei näherer Betrachtung weiter nichts als eine wörtliche Übersetzung und zwar nicht des Berichtes bei Heinrich, sondern bei H.; während sie nämlich die übrigen Eigennamen aufführt, nennt sie den Namen Heinrich nicht: der Grund dafür ist einfach, sie hatte bloss das H. vor Augen und

wagte nicht, da der wirkliche Name ihr unbekannt war, das
H. aufzulösen, — das war erst dem nächsten Jhd. vorbehalten.
Die Dichterin giebt sogar den Bericht des Heinrich gleich diesem
in der ersten Person und verwandelt nur die angeredete Person
— den Abt H. de Sartis, den sie aus demselben Grunde wie
den Verfasser selbst nicht nennt — in die dritte Person, sie
stellt sich auf den Standpunkt Heinrichs, so dass man meint,
es sei ihr eigenes Werk, was sie erzählt. Die Berufung auf
die irischen Äbte und den Bischof Florentian könnte man ohne
Kenntnis der ursprünglichen Vorlage in dem Gedichte als seitens
der Marie geschehen ansehen, und doch hat sie es ebenso wie
das andere aus Heinrichs Legende übernommen.[1] Ihr Eigen-
tum sind, abgesehen von einzelnen kleinen, aus Reim- oder
Versnot gemachten Einschiebseln, aus der ganzen Menge der
2302 Verse[2] nur 8 Eingangs- und 6 Schlussverse.

Durch diese Entdeckung fallen leider alle die schönen Vermutungen, die man aus dem Wortlaute ihres Purgatoriums
über sie gemacht hat, in sich zusammen; stürze ich aber die
eine Stütze, dass aus der Stelle Purg. v. 1991 ihr Aufenthalt
in England bewiesen werden könne, so stütze ich dieselbe Annahme damit, dass, als sie diese Übersetzung anfertigte, die
Legende über Englands Grenzen noch nicht hinausgelangt war,
sie somit in England lebte. Sollte denn Marie des Stoffes sich
bemächtigt haben, als er schon ganz bekannt war? das geht
nicht an, im Gegenteil: er muss neu gewesen sein, als sie das
lange Werk in Angriff nahm. Hat sie es aber in einem der
letzten Jahre des 12. Jhds. — dass sie in der zweiten Hälfte

---

[1] Aus dem Lateinischen wird sie übersetzt haben; da sie bloss vom
Buche spricht, ist dies nicht ohne weiteres zu beweisen; Lateinisch ver-
stand sie, wie sie im Prologe sagt (Warnke, Die Lais der Marie de France,
Halle 1885):

> Pur ceo començai a penser
> d'alkune bone estoire faire
> e de Latin en Romanz traire; .
> mais ne me fust guaires de pris:
> itant s'en sunt altre entremis.

[2] Ich habe immer 3300 Verse zitiert gefunden; ein einfacher Druckfehler in der Zahl bei Roquefort hat diesen Irrtum veranlasst.

dieses Jhds. lebte und das Purgatorium das letzte ihrer Gedichte
sei, ist zuletzt durch Warnkes gründliche Untersuchung in der
Zs. f. R. Ph. IV. 223 ff. klar bewiesen worden — bearbeitet,
so ist das Original nicht viel früher anzusetzen.

Nach dem bisher Gehörten würden wir mithin zu der Annahme berechtigt sein, dass das Purgatorium durch Heinrich
von Saltrey am Ende des 12. Jhds., genauer zwischen 1187
(Girald) und 1197 (Johannes Brompton) niedergeschrieben wurde.

Da aber dieser indirekte Beweis vielleicht nicht jedem
genügt, wollen wir den direkten zu bringen versuchen durch
Zusammenstellung der Anspielungen auf geschichtliche Persönlichkeiten und Zeitverhältnisse im Texte selbst. Die erwähnten
Persönlichkeiten sind der Abt de Sartis H., Gilbert de Luda, Gervasius abbas de Luda, Florentianus episcopus Hibernorum, Stephanus
rex, Oengus miles sowie dessen König, der in Irland sich befindet.

Um mit den Königen zu beginnen, ist zunächst klar, dass
der Besuch des Ritters Oengus — immer die Wahrheit des
Berichts vorausgesetzt — zu Zeiten König Stephans stattgefunden
hat. Ob in den beiden anderen Stellen (regem dominum suum,
cui prius familiaris extiterat, adiit (scil. Oengus) und Gervasius
monachum Gilbertum ad eundem regem in Hiberniam misit)
unter dem rex der König Stephan zu verstehen ist, wie Matth.
Paris gemeint hat, ist sehr leicht zu entscheiden; Stephan ist
nämlich nie in Irland gewesen. Sein Nachfolger Heinrich II.
war erst 1172 in Irland; bei ihm hätte sich Oengus also so
lange aufhalten müssen, bis Gilbert kam, falls dieser 1172 nach
Irland gekommen wäre; ihm hätte der Ritter auch schon früher
befreundet gewesen sein können; nehmen wir dann des letztern
Zusammensein mit Gilbert, das $2\frac{1}{2}$ Jahr währte, zur Jahreszahl hinzu, so wären wir bereits in der Mitte der siebziger
Jahre, kommt dazu die Spanne Zeit, die zwischen erster Erzählung Gilberts — im günstigsten Falle 1175 — und der
Niederschrift durch Heinrich liegt, so gelangten wir ohne
weiteres in die achtziger oder neunziger Jahre. Heinrich II.
als den betreffenden König verwerfen Ussher p. 898 und Colgan
aus dem einfachen Grunde, dass 1172 ihnen zu spät ist, obwohl
die grösste Wahrscheinlichkeit dafür ist, dass er englischen Cisterciensern Platz zu einem Kloster in Irland versprach. Denkbar ist
jedoch auch die Annahme der beiden eben erwähnten Erklärer:

sie setzen an Stelle des englischen den irischen König; Colgan sagt: Muchertus seu Murchertachus, Hua Lachluinu, qui primo in septentrionalibus Hiberniae partibus et postea circa annum 1152 et, quod excurrit, in tota Hibernia principatum tenuit, ut constat ex fuse dictis de ipso tomo sequenti in vita S. Christiani episcopi Lismorensis ad 18. Martii et in vita S. Gelasii primatis ad 27. eiusdem mensis Martii. Der irische König hat, abgesehen davon, dass es der eben bestimmte sein müsste, viel für sich: der Ritter ist, da er nicht allein das Irische versteht und deshalb dem englischen Mönche als Dolmetscher gegeben werden kann, sondern auch einen irischen Namen führt, ein Ire; die Sprache Englands hat er als wohlerzogener Rittersmann sich angeeignet. Ist er aber Ire, so dürfte als sein rex und dominus mehr der irische als der englische König bezeichnet werden. Die Freigebigkeit eines irischen Königs gegen den Cistercienser können wir allenfalls damit erklären, dass Gervasius, wie wir später sehen werden, ein sehr bedeutender und bewunderter Mann seiner Zeit war. Hat aber Oengus bei seiner Busstahrt in der Kirche auf Reglis schon Canones regulares getroffen, so muss er erst nach der Eroberung Irlands dagewesen sein — die einzige Rettung aus diesem Dilemma wäre, diese Canones regulares als einen Zusatz oder eine Berichtigung seitens Gilberts anzusehen; dass Heinrich sich eine solche Abänderung der Worte seines Gewährmannes erlaubt haben könnte, dürfen wir nicht annehmen. Ich bin der Meinung, dass wir durch Parteinahme für Heinrich II. oder Murchertach, für den englischen oder den irischen König nicht gefördert werden, sobald wir annehmen, dass der Niederschrift unserer Legende seit jenem Besuche des Oengus im Purgatorium, dem die Fahrt nach dem gelobten Lande, dann der Aufenthalt bei dem Könige, endlich das zweiundeinhalbjährige Zusammensein mit Gilbert folgte, notwendigerweise eine ganze Reihe von Jahren voraufging.

Auch die Erwähnung des Abtes de Sartis kann nur wenig nützen, da eine Abtliste seines Klosters mir nicht bekannt geworden ist. Colgan kennt nicht einmal das Kloster de Sartis, doch kommt er dadurch nicht in Verlegenheit, sondern nimmt einen Abt von Saltrey[1]) an; eine etwas kühne Vermutung!

---

[1]) Anm. 2. S. 280: Forte abbas de Saltereio legendum, cum Henricus

Vischius giebt indes die Gründung und Lage der betreffenden Abtei an, wenn er S. 164 aufführt: „Anno 1136 7. Idus Decembris abbatia de Sartis, id est Wardonia in Anglia, diocesis Lincolniensis," womit zugleich gesagt ist, dass es ein Cistercienserkloster war.

Es bleibt nun noch übrig die Lebensschicksale des Gervasius, Gilberts und Florentianus' zu betrachten; gehen wir also noch einmal von dem Besuche zur Zeit des Königs Stephan aus!

Matthaeus Paris hat als Jahr der Vision 1153 angesetzt, ihm sind die meisten Erklärer gefolgt, und einige spätere Abschriften haben sogar diese Jahreszahl aufgenommen. Da dem Matth Paris ohne Zweifel die Lebensschicksale der sonst in dem Berichte erwähnten Persönlichkeiten bekannt waren und diese einer späteren Zeit, nämlich der der Regierung Heinrichs II., angehören, in der Legende aber ausdrücklich König Stephan erwähnt wird, scheint er, um dieses seltsame Auseinandergehen zu vereinigen, eines der spätesten Regierungsjahre gewählt zu haben. Mir will dies Jahr für die Vision zu spät erscheinen; es findet sich nämlich die Nachricht, dass der Ritter nach der Vision das Kreuz genommen und nach Jerusalem[1]) gezogen sei. Der einzige Kreuzzug zu Zeiten Stephans war der zweite (1147—1149), an dem sich allerdings hauptsächlich nur Franzosen und Deutsche beteiligten, doch haben schon an dem ersten nachweislich[2]) Walliser und Schotten teilgenommen; so dürften wohl auch beim zweiten Iren mitgezogen sein. Bedenkt

---

alter huius historiae author, qui suum opus ipsi dedicavit, fuerit monachus monasterii Saltereiensis.

[1]) Es wäre möglich, dass der Ausdruck „signaculo crucis Dominicae in humero suscepto" auch zur Bezeichnung einer schlichten Pilgerfahrt nach Palästina gebraucht wurde; dann würde uns nichts hindern, dem Jahre des Matth. Paris beizustimmen. Der Unterschied würde etwa 4 Jahre betragen.

[2]) William of Malmesbury († 1143) sagt von der Beteiligung am ersten Kreuzzuge: Nam non solum Mediterraneas provincias hic amor movit, sed et omnes, qui vel in penitissimis insulis vel in nationibus barbaris Christi nomen audierunt. Tunc Wallensis venationem saltuum, tunc Scottus familiaritatem pulicum, tunc Danus continuationem potuum, tunc Noricus cruditatem reliquit piscium. Ausg.: Saville Rerum Angl. script. post Bedam (Lond. 1596) lib. IV. c. II. fol. 75.

man ferner, dass Äbte oft und gern in damaliger Zeit einen Kreuzzug als Busse auferlegten, so steht unserer Annahme, dass sich unser Held unter den Kreuzfahrern befunden habe, nichts im Wege. Wir müssen also den Besuch des Ritters im Purgatorium spätestens 1147 oder 1148 ansetzen. Als er — so finden wir im Berichte – aus dem Kreuzzuge zurückkehrte, hielt er sich bei seinem Könige auf (würde 1149 oder 1150 (ev. 1154) gewesen sein), bis ihn dieser dem Gilbert von Luda überliess.

Über Gilbert de Luda[1] fehlen uns wieder nähere Nachrichten; da Luda ein Cistercienserkloster war, gehörte er diesem Orden an. Welches irische Cistercienserkloster seine Gründung ihm verdankt, dürfte sich kaum noch ermitteln lassen.[2] Von Gilbert heisst es: postea abbas de Basingewerk. Die Abtei Basingwerk[3] wurde von Heinrich II. 1158[4]) gestiftet; ob

---

[1] Leland, Tanner und Vischius enthalten nichts Besonderes über ihn. Vgl. S. 36 Anm. 1 und die Lebensnachrichten über Heinrich von Saltrey. Pitseus nennt ihn „Gilbertus de Luda Cisterciensium monachorum abbas" woraus wahrscheinlich, obgleich es hier ganz allgemein gehalten und vielleicht mit Bezug auf Basingwerk gesagt ist, bei Wright Biogr. Brit. litt. II. 321 die falsche Bezeichnung abbot of Louth entstand. Dass Gilbert den Heinrich schon als Knaben unterrichtet habe, ist eine ebenso haltlose Mutmassung wie die über die Lehrerschaft des Florentianus.

[2] Wie aus Vischius a. a. O. hervorgeht, sind die seit 1132 in Irland gegründeten Klöster dieses Ordens (gestiftet 1098 in Frankreich) folgende: 1140 Calendis Maii Mellifons in Hybernia, dioceses Ardmacensis — 1147 8. Cal. Julii Abb. de Bullione in Hyb., dioces. Elphinensis — 1148 6. Id. Maii Beatitudo in Hyb., dioc. Midensis. Von da ab häufen sich die Gründungen von Cistercienserklöstern in Irland.

[3] Camden a. a. O. S. 393 unter Flintshire: Postea, ut abbas de Monte scripsit, Henricus II. hoc castrum (sc. Ruthlan) restauratum Hugoni de Bello-Campo dedit.... Hinc littus in ortum paulatim descendendo procedit, primum per Disart castrum, inde per Basingwerke, quod etiam Henricus II. Hugoni de Bello-Campo concessit, sub quo Haliwell id est fons sacer, Wenefridae virginis memoria... longe est celeberrimus.

[4] Johannes Brampton (Twysden p. 1048): Et rex in anno seq. castrum de Ruthelan in Wallia firmavit et monasterium de Basingwerk fundavit d. h. 1158 Ebenso Henricus de Knighton (Twysden p. 2394): hoc anno (1158) rex Henricus duxit primo exercitum in Walliam, firmavit castrum de Rothelan et fundavit monasterium de Basijngwerk.

4 *

Gilbert der erste oder ein späterer Abt von Basingwerk war, konnte ich aus Mangel näherer Nachrichten nicht ermitteln. Jedenfalls hindert uns die Erwähnung des Abtes-Gilbert, die Abfassung vor die sechziger Jahre zu verlegen.

Gervasius war abbas de Luda; unter diesem kann nicht, das irische,[1]) sondern nur das englische[2]) zu verstehen sein da ausdrücklich gesagt wird, dass Gervasius den Gilbert nach Hibernien schickte und dieser Mönch das Irische nicht verstand. Dann ist gemeint Louth bei Lincoln, das mehr unter dem Namen Louthpark bekannt geworden ist, und jener Gervasius ist ohne Zweifel der als Gervasius de Parco, zumeist als Gervasius Parchensis bezeichnete Abt dieses Cistercienserklosters. Über sein Leben sind wir einigermassen unterrichtet. Ich teile hier die Nachrichten aus Vischius mit, da Leland 1. S. 198/99, aus dem Tanner S. 314/15 und Bale S. 38/39 (ex Lelando) entlehnt haben, etwas weniger enthält. Vischius a. a. O. p. 124: Gervasius, dictus de Parco, habitum S. Benedicti iuvenis assumpserat in caenobio S. Mariae Eboracensis, sed cum tanto perfectionis flagraret amore, ut de virtute in virtutem procedens semper se melior fieri contenderet, Cisterciensem reformationem affectans monasterio de Fontibus initium dedit una cum Richardo priore et aliis decem Eboracensis sui caenobii religiosis (opus promovente et sumptus subministrante Thurstano sive Trustino, Eboracensi archiepiscopo [1114 — 1140]). Quorum piam resolutionem mellifluus pater Bernardus in epistola XCVI. ad ipsos directa plurimum laudat. Fundationem monasterii huius de Fontibus refert Manriquez tomo 1. Annalium Cisterciensium ad annum 1132 cap. 8. (Die Gründung geschah nach Vischius p. 362 1132 7. Cal. Januar. abbatia de Fontibus [Fountaines]

Bei Vischius fand ich nur p. 362 „Basenwerth" (1133 gestiftet), Diöcese|und Land giebt er nicht an; wahrscheinlich hat diese Notiz keinen Bezug auf unser Basingwerk.

1) Colgan p. 281: Et monasterium nobile et oppidum diocecsis Ardmachanae, hodie Luthense, priscis Lugmadense dictum. Sed hic author indicat caenobium Lugdense, de quo ipse loquitur, esse in Anglia. Das irische Louth in Ulster reicht in Patricius' Zeit hinauf.

2) Vischius p. 366: Ludae parcum (=Luda) in Anglia, dioceses Lincolniensis, 1139 gestiftet.

in Anglia, diocesis Eboracensis, womit andere Nachrichten übereinstimmen.) Porro Gervasius, praecipuus huius reformationis author, sacrarum litterarum studiis et pietatis exercitiis se totum applicans, tantum profecit, ut Parchensis caenobii ad Ludam oppidum abbas primus fuerit constitutus. Ex quo tempore beato Ailredo Rhievallis abbati pietate et doctrina celeberrimo coĕpit esse familiaris, cui etiam author fuisse legitur, ut in lucem emitteret Speculum suum charitatis. In quod opus ipse Gervasius (teste Lelando apud Joannem Pitsaeum) scripsit prologum elegantem et prolixum; qui diversis scriptoribus occasionem dedit suspicandi, integrum opus a Gervasio esse conscriptum. Hinc Seguinus in Bibliotheca sua agens de Gervasio hoc asserit illum ĕdidisse librum, cui titulum dedit Speculum charitatis, hortatu Ailredi abbatis et citans pro se Balaeum. Scripsit tamen Gervasius adhuc epistularum ad diversos librum unum et alia plura, quorum tamen tituli hactenus inventi non fuerunt. Vide Pitsaeum de scriptoribus Angliae, ubi eundem vocat beato Ailredo parem pietate eique valde familiarem. Aus Ersch und Gruber (1. Sekt. 62. Teil S. 178 Sp. 1 und 2) trage ich dazu noch nach, dass 1139 seine Berufung zum Abte von Louthpark durch Bischof Alexander von Lincoln (1123—1148) erfolgte, sowie dass man eine Sammlung Briefe von ihm an (E)Alred gefunden hat. „Auch soll sich in den Bodlejanischen Handschriften eine Lamentatio[1]) Gervasii de Parco befinden.“

Leider sind sein Geburts- und Todesjahr uns nicht bekannt; auf das letztere käme es besonders an, da von ihm in der Legende gesagt wird Gervasius piae memoriae, was doch so viel heisst wie der selige Gervasius. Vielleicht liesse sich durch Bestätigung meiner in der Anmerkung enthaltenen Vermutung über jene Lamentatio nachweisen, dass er seinen Freund über-lebte: ein zu hohes Alter steht uns übrigens nicht im Wege, da er 1132 als junger Mann bezeichnet wird. Lebte er also

---

[1]) Zu meinem Bedauern konnte ich mich über diese Lamentatio nicht näher unterrichten; sollte sie vielleicht den Tod seines treuen Freundes (E)Alred, dem er so manche Briefe schrieb, zum Gegenstande haben? Dieser, ein ebenfalls sehr angesehener Abt des 12. Jhds. (er soll mit der königl. Familie verwandt gewesen sein), starb 1166.

54

1166 noch, so wäre in stufenmässigem Fortgange bis zu den
siebziger Jahren nachgewiesen, dass die Legende noch nicht
geschrieben war: da dies aber nicht sicher ist, müssen wir mit
einem Sprunge zu den achtziger Jahren uns wenden.
Heinrich erwähnt, wie wir oben sahen, sogar das Jahr der
Abfassung, indem er sagt, dass er in diesem Jahre (bei Colgan
im 25. (letzten) Kap.) einen irländischen Bischof Florentianus
wegen des seltenen Falles gefragt und von ihm die Wahrheit
des Vorgangs bestätigt erhalten habe, auch fügt dieser Episcopus
Hibernorum hinzu, dass das Purgatorium zu seinem Bistume
gehöre. Von vornherein muss der Verdacht ausgeschlossen
werden, als habe sich irgend ein Geistlicher den Scherz erlaubt,
ohne ein Recht darauf den Titel eines irischen Bischofs sich
zuzulegen; dass es ein wirklicher Bischof war, beweist auch
die nähere Bezeichnung desselben: er wird nämlich genannt
nepos S. Patricii tertii, socii videlicet S. Malachiae.
Malachias, mit vollständigem Namen nach Colgan Malachias
Hua Morgair, nach Gams O'Moore Imarus, war Bischof von
Down bis 1134, dann bis 1148 von Armagh; er starb Anfang
November 1148 in Clairvaux, wohin er gerade geschickt war.
Sein Leben wurde vom h. Bernhard[1]) geschrieben, er selbst
namentlich auf grund dieser Lebensschilderung am 6. Juli 1189
durch Bulle[2]) des Papstes Clemens (1187—1191) heilig gesprochen.
Als dritter heiliger Patricius wird in der Regel ein fran-
zösischer Abt angenommen, der im 6. Jhd. starb, derselbe
kann natürlich hier nicht gemeint sein, da er ja Genosse des
h. Malachias gewesen sein soll. Bei Bernhard wird kein Patricius als Genosse des Malachias erwähnt, doch beweist dies gar
nichts. Der Zeit nach stimmt nur ein bekannterer Patricius

---

[1]) Tractatus de vita et rebus gestis S. Malachiae Hiberniae episcopi
p. 663—697 des 1. der 2 Bde S. Bernardi abbatis primi Clarae-Vallensis
opera omnia. Nova editio. Paris 1719.
[2]) Bulla canonisationis b. Malachiae p. 697 des eben citierten Werks;
sie ist datiert 11. Non. Julii, pontificatus nostri anno tertio. Es heisst
darin, dass nach reiflicher Erwägung aller von Bernhard und andern er-
zählten Wundern u. dergl. m. „dictum sanctum virum Malachiam in Sanctorum catalogo de communi fratrum nostrorum consilio duximus ascribendum.“

zu dieser Äusserung, der seit 1140 Bischof von Limerick war: dieser ist zwar kein Heiliger, aber leicht konnte dem Verfasser beim Schreiben dieses Namens das S. aus der Feder fliessen. Wäre socius nicht zeitlich, sondern räumlich zu verstehen als Genosse, so ·könnte man an den Abt von Armagh dieses Namens denken. Der Gebrauch des Wortes nepos würde dem nicht widersprechen, da es bei Cicero schon vom Ururenkel gebraucht wird und im Mittelalter eine viel weitere Bedeutung zulässt. Jedenfalls aber wissen wir von einer Verwandtschaft zwischen einem Patricius und diesem Florentian überhaupt nichts.

Es bleibt auffallend, dass Heinrich niemals das Bistum, zu dem die Insel Reglis gehörte, erwähnt; dass sich dazu Gelegenheit geboten hätte, ist augenscheinlich, augenscheinlich ist aber auch bei unserm Autor eine vollständige Unkenntnis der irischen Verhältnisse, da er sich bei Erwähnung derselben immer nur sehr allgemein hält. Leider konnten wir das Bistum, zu dem das Purgatorium gehörte, nicht feststellen; es lag auf der Grenze der drei folgenden zum Erzbistum Armagh gehörigen: Clocharia (Clogher), Rathbotha (Raphoë) und Doria (Dorechalguich oder Derry).

Colgan rechnet die Insel Reglis zu dem letzteren, wenn er diesen Florentianus, dessen Bistum das Purgatorium in sich schloss, in Flatbertus episcopus Dorensis († 1175), qui et Florentianus Latine dici potest, gefunden zu haben meint; doch geht er ja von der Überzeugung aus (p. 281), das Purgatorium sei vor 1160 geschrieben, und vereinigt damit die von ihm gegebene Bischofszeit 1160—1173 des Flatbertus. Zunächst ist dies wegen der bei Colgan selbst abweichenden Jahreszahlen kein voller Beweis, doch ist, wie Gams nach neueren Forschungen angiebt, Flathbertus O'Broclan von 1158 an Bischof gewesen. Die Meinung, dass das Purgatorium vor 1160 geschrieben sei, muss wegen der Erwähnung des Abtes Gilbert, wie wir oben sahen, gesucht erscheinen, und dass ein mit lateinischer Endung versehener Name auch noch, um lateinisch zu sein, anders übersetzt werden muss, ist zum mindesten gezwungen, sicher ist aber, dass Flathbertus sich nicht Florentianus genannt hat. Johannes Pitseus hat Florentinus Gormanus archimagister seu supremus moderator scholae Ardmachanae († 1147) vorgeschlagen, doch ist derselbe nicht Bischof, Armagh ist ausserdem Erzbischofssitz; an ihn ist ausserdem gar nicht zu denken, da er viel zu früh lebte und starb.

Nun giebt es aber in den Reihen der irischen Bischöfe zu der von uns gewünschten Zeit zwei Florentinus oder Florentius — dass Florentinus und Florentius mit Florentianus vertauscht werden kann, ist denkbar —, den Bischof von Elphin, Florent. Mac - Riagan O'Mulrony, einen Cistercienser (1174—1195), und den Bischof von Derry, Florent. O'Cherballan (1185—1230). Heinrich ist ja Cistercienser: da wäre es nicht zu verwundern, wenn ein Cistercienser, der Bischof geworden ist, das Cistercienser-Kloster Saltrey besucht hätte; Elphin gehörte jedoch zum Erzbistum Tuam in Connaught: da Reglis auf jeden Fall zum Erzbistum Armagh gehörte, müssen wir ihn fallen lassen. Es bleibt also nur übrig Florent. O'Cherballan, der Bischof von Derry, auf den auch Colgan [1]) verfallen war, den er aber verwerfen musste, weil er die Legende viel früher anzusetzen wünschte. Dieser Bischof genügt mit Ausnahme der nicht bewiesenen Verwandtschaftsbeziehungen zum dritten h. Patricius allen Anforderungen, die wir an ihn nach dem Wortlaute der Legende stellen können. Sie selbst müsste hiernach nicht vor 1185 geschrieben sein.

Wir sind jedoch noch nicht am Ende der Zeitbestimmung. Malachias ist, wie wir oben sahen, erst 1189 heilig gesprochen worden; Heinrich hat seinem Namen dies ehrende Beiwort bereits beigefügt. Die Entschuldigung, die beim dritten Patricius ausreichte, verliert hier ihre Giltigkeit; ein gebildeter Mönch dürfte keinen zu freien Gebrauch dieses Beiworts gemacht haben, einem weniger gebildeten, als unser Autor war, könnte man es schon eher verzeihen.[2]) In Bernhards Lebensbeschreibung des heiligen Malachias wird sanctus von ihm nie vor dem Namen, wohl aber allein gebraucht;[3]) wenn es beim Namen

---

[1]) Colgan führt ihn folgendermassen auf: Florentinus Hua-Keruallan, episcopus de Tir-eoguin, qui anno 1203 vixit iuxta citatos Quattuor Magistros in Annalibus ad eundem annum. Tir-eoguin, vulgo Tironia (heute Tyrone) provincia mediterranea Ultoniae. Derry würde damit richtig durch Tironia ersetzt werden können.

[2]) In einer englischen Bearbeitung hat sogar der Ritter Oengus dies Epitheton erhalten.

[3]) Die betreffenden Stellen sind: p. 664 in der Praefatio: Quid quod

steht, so ist es, in den Überschriften nämlich und im Index, ein Zusatz der Herausgeber, sonst steht Malachias oder Malachias episcopus.

Könnte nun noch erwiesen werden, dass Florentianus von Derry Ende 1189 oder bald darauf in Saltrey oder in England überhaupt gewesen ist, so wäre das letzte Glied der Beweiskette und das Jahr der Niederschrift sicher gefunden. Einen solchen Besuch dieses Bischofs kann ich allerdings nicht direkt nachweisen, die Möglichkeit des Besuches ist aber nicht ausgeschlossen; es liegt vielmehr die Wahrscheinlichkeit, er habe einem der in England abgehaltenen Konzilien beigewohnt, sehr nahe. Die Konzilien um diese Zeit sind: 1189 Concilium apud Pipewell, 1189 Conc. Cantuariense (Canterbury), 1190 Conc. Westmonasteriense, 1190 Glocestrense, 1191 Londinense et Cantuariense, 1192 Dublinense, 1193 Cantuariense, 1195 Eboracense, dann erst 1199 wieder in Westminster. Pipewell und Dublin kommen gar nicht in Betracht, York 1195 dürfte schon zu spät sein. Abgesehen von Glocester, führt von Kent (Canterbury) und Middlesex (London und Westminster) der Weg nach dem nördlichen Irland über Huntingdonshire nahe bei Saltrey vorüber. Bei David Wilkins Concilia magnae Britanniae et Hiberniae (4 Bde. fol. Lond. 1738) habe ich darüber nichts finden können, doch ist die Wahrscheinlichkeit des soeben bestimmten Weges neben der einer Beteiligung des irischen Bischofs sehr gross.

Innere wie äussere Gründe stimmen also überein und erheben die Möglichkeit, dass die Legende vom Purgatorium des h. Patricius durch Heinrich von Saltrey bald nach 1189 niedergeschrieben wurde, zur Thatsache. Damit fallen so manche Zweifel weg, die sich, so lange die Legende als ein älteres Werk angesehen wird, über den Gegenstand erheben; verständlich wird uns nunmehr, dass Jocelin und Girald sie nicht erwähnten und auch sonst in litterarischen Denkmälern jener Zeit des Purgatoriums nicht gedacht wird. Natürlich verblieb die Legende zunächst in England, während die Kunde davon auch in andere Länder sich schneller verbreitete: bei den französischen, deutschen und italienischen Schriftstellern aus

---

me inter speciales amicos sanctus ille habebat et eo loco, ut nulli in hac parte gloriae secundum fuisse me credam und p. 680 in Kap. XVI: Post aliquod tempus, cum iam sanctus esset in terra sua, misit alios etc.

dem Anfange des 13. Jhds. wird zwar des Purgatoriums gedacht, aber der Bericht des Oengus wird nicht ausdrücklich
erwähnt, Cäsarius von Heisterbach, Jacobus de Vitriaco, Vincentius Bellovacensis bringen nur Belege, dass die Sage ihnen
bekannt war.

Nur eine Thatsache scheint gegen das von uns gefundene
Jahr als ein zu spätes zu sprechen, die Handschriften nämlich,
die ihrem Charakter nach in ein früheres Jahrzehnt des 12. Jhds.
gehören. Das Kriterium der Handschriften auf einzelne Jahrzehnte ist aber oft ein zweifelhaftes, es können ja diese Handschriften gerade von älteren Mönchen geschrieben sein, eine
aus der geringen Anzahl könnte sogar das Original sein, da ja
auch Heinrich in dem Jahre der Abfassung seines Werkes, wie
wir oben gesehen haben, ein älterer Mann war.

Wir haben alle unsere Resultate bisher gewonnen unter
der Voraussetzung, dass die Legende ein der Wahrheit ent-
sprechender Bericht sei: wir haben aber auch schon Zweifel
hieran in der Legende selbst ausgesprochen gefunden. Dass
der Held körperlich die Höllenqualen erlitten habe, fand schon
zu Heinrichs Zeit trotz ausdrücklicher und wiederholter Ver-
sicherung keinen allgemeinen Glauben, selbst Colgan hielt es
für notwendig, am Schlusse seiner Abhandlung den Leser
darauf aufmerksam zu machen, dass er die Erlebnisse des
Ritters im Purgatorium nur für eine Vision halte: Caeterum
quae hic referuntur de visione Oeni militis, lector non cogitet
eam visionem oculis corporeis factam esse, cum talis oculus
non possit statum vel qualitatem animarum separatarum videre,
sed solum visione intellectuali imaginaria, non ficta tamen
sed divinitus revelata. Ihm schliessen sich mit derselben
Mahnung die Bollandisten an: quam proinde (scil. historiam),
quoad praecipuam rei narratae substantiam, videmur posse ut
veracem admittere: neque enim quidquam in ea continetur
visione, quod non aliis similibus sanctorum visionibus possit
confirmari. • Nos tamen satis habemus curiosum lectorem ad
Colganum remittere; tantum cum eodem admonemus eiusmodi
visiones oculis corporeis tribuendas non esse, sed ex earum esse
genere, quae imaginationi obiectae ita prorsus afficiant hominem,
quasi corporeo intuitu fuissent usurpatae. Quod quidem a malo
aeque ac bono spiritu esse potest: ab utro autem sit, solo di-

scere possumus effectu: qui cum in praesenti Oeni casu seria
atque constans vitae morumque emendatio fuerit, non est, unde
suspicemur daemonicam illusionem huic facto intervenisse.

Auch ich meine, dass man an eine körperliche Wanderung
durch die Straf- und Freudenorte der Seelen nicht denken darf;
mir wird es sogar schwer, an einen wirklichen Oengus, der
zum Purgatorium hinabstieg, zu glauben: ich erkenne vielmehr
in dem ganzen Berichte des Oengus weiter nichts als die Aus-
führung der Gedanken des Königs Echu oder Oengus in
grösserem Stile. Verschiedene Ähnlichkeiten in beiden Berichten
— der ältere ist im Vergleich zum anderen nur ein Gerippe —
habe ich bereits hervorgehoben: der Name, die Gegend waren
verdächtig. Wir finden aber noch einen besonders überraschenden gemeinschaftlichen Zug: als der Ritter Oengus zum Paradiese kommt, kann er nicht in dasselbe eintreten; man sollte
doch meinen, dass ihm, da er doch nur zum Ansehen kommt
und zur Erde sowieso zurückkehren muss, auch hier der Eintritt
freistände. Warum ist dies nicht der Fall? Die Antwort
finden wir bei König Oengus; als er zum Paradiese kommt,
kann er den für ihn bestimmten Platz daselbst nicht einnehmen,
muss vielmehr ins Leben wieder zurückkehren, — um die Taufe
zu erhalten. Es finden sich ausserdem noch manche Anklänge
an die frühere Vision, ich will hier noch auf die auffallende
Zahl 15 hinweisen. Willst Du noch fünfzehn Jahre leben?
fragt Patricius den König, fünfzehn Tage aber muss nach der
Rückkehr der Ritter noch in der Kirche weilen. Ahnungsvolle
spätere Bearbeiter der Legende lassen ihren Ritter Nikolaus
nur 30 Tage nach seiner Rückkehr noch leben; davon entsprechen 15 Tage den 15 Jahren, die andern 15, in der Kirche
zu verbringenden sind gewissenhaft hinzugerechnet.

Wir haben oben bewiesen, dass Heinrich seinem Charakter
nach, wie er aus seinem Werke zu uns spricht, der Erfindung
dieses phantasievollen und poetischen Berichtes nicht bezichtigt
werden darf, ausserdem stimmt seine Erwähnung bekannter
Persönlichkeiten mit den Thatsachen überein: ihm dürfen wir
durchaus Glauben beimessen: er ist in diesem Falle der Be-
trogene. Liegt jedoch nun eine fraus, wenn auch eine pia
fraus vor, so müssten wir dem Gilbert oder dem Oengus den
Verdacht aufbürden: entweder hat Oengus die ganze Geschichte

erfunden, oder er ist eine erfundene Persönlichkeit. Die Erfahrung lehrt, dass derjenige betrügt, der von seinem Betruge sich Nutzen verspricht. Welchen Nutzen hätte der schlichte Ritter, der aus einem Saulus ein Paulus geworden war und statt wackeren Ritterdienstes demütigen Mönchsdienst verrichtete, davon gehabt, sich selbst die Rolle des Ritters im Fegefeuer beizulegen![1]) Welchen Nutzen hätte aber selbst Gilbert davon gehabt! Gilbert war jedenfalls, wie seine Betrauung mit der Sendung nach Irland beweist, ein unternehmender Geist, er war auch ein leichtgläubiger Mensch, wie sich in einer Mitteilung über das körperliche Eingreifen des Teufels bei einem seiner Mönche zeigt, wenn wir darin nicht wieder seine Erfindungsgabe erkennen wollen: er hätte aber nur den Nutzen aus der Erfindung seiner Geschichten ziehen können, sich als einen interessanten Menschen bewundert zu sehen und seinerseits auch etwas zum Ruhme des h. Patricius beigetragen zu haben. Kann ich mich auch des Verdachtes gegen Gilbert nicht ganz erwehren, so reicht doch wohl unsere geringe Kenntnis seines Charakters nicht zu gänzlicher Verurteilung aus. Den eigentlichen Nutzen von der Verbreitung der Legende hatten die Canones regulares auf Reglis. Wäre ihnen die Geschichte nicht bekannt gewesen, wie würden sie sich gewundert haben, wenn ihnen plötzlich die Wanderung des Ritters zu Gesicht oder zu Ohren gekommen wäre! Ihnen musste, wenn es verschiedene Purgatorien gab, daran gelegen sein, das ihrige für das richtige erklärt zu sehen.

Nach alledem möchte ich die Entwicklung der Legende folgendermassen annehmen: Auf dem Berichte von der Wiedererweckung des Königs Echu oder Oengus fussend, wurde von den Mönchen auf Reglis eine ausführliche Wanderung eines Ritters Oengus durch Fegefeuer, Hölle und Himmel erfunden und verbreitet durch mündliche Überlieferung. Diese hörte durch Zufall Gilbert während seiner Anwesenheit in Irland; nach England zurückgekehrt, — vielleicht hatte er einen Ritter

---

1) Man werfe mir nicht ein, dass der Ritter Raimon von Perilhos am Ende des 14. Jhds. ja auch dies alles als von ihm selbst erlebt schildere. Er hatte das Vorbild, war ausserdem ein Prahler und verfolgte politische Interessen.

namens Oengus als Dolmetscher wirklich gehabt, vielleicht war
derselbe sogar in Jerusalem gewesen — erzählte er, bereits
mit all den poetischen Verzierungen und Ausschmückungen,
die er aus ähnlichen Legenden oder aus ähnlichen Schriften
entnahm, die Reise des Ritters Oengus im Purgatorium auf
Reglis und verlegte sie — unbestimmt genug - in die Re-
gierungszeit König Stephans, womit er wahrscheinlich nichts
weiter sagen wollte als „vor der Eroberung Irlands," die durch
den König, während dessen Regierung er nach England kam,
vollzogen wurde. —

Welche Schicksale die Legende nebst der mit ihr in enger
Beziehung stehenden Höhle in den folgenden Jahrhunderten
erfuhr, in welcher Gestalt sie uns bei verschiedenen Schriftstellern, in verschiedenen Ländern und Sprachen entgegentritt,
darüber soll ein späteres Kapitel berichten, sobald wir, was
zunächst unsere Aufgabe sein wird, die Handschriften durch-
mustert haben.